ANTONIA KEMKES

Finde den TEMPEL *in dir*

Wie du deinen inneren
Ort der Ruhe
und Kraft erschaffst

INHALT

Auf der Suche nach Freiheit 4

BUDDHAS GESCHENK 9
Den Fokus auf sich selbst lenken 10
Die Wurzeln der Achtsamkeit 15
Der Schlüssel zu deinem inneren Tempel 19
Die Stille des inneren Tempels 31

DIE REISE GUT VORBEREITEN 37
Den Geist immer wieder durchfegen 38
Grundhaltungen laden die Achtsamkeit ein 41
Hindernisse überwinden 48

DREI TRAMPELPFADE ZUM INNEREN TEMPEL 51
Dein Pfad entsteht, wenn du ihn gehst 52
Meditation: Dem Atem in die Stille folgen 57
Yoga: Dein Weg in die Einheit 96
Bodyscan: Bei dir ankommen 126

WEGBEGLEITER UND RITUALE 137
Steine am Wegrand 138
Acht Tempelwächter 141
Weitere Wegbegleiter 154

DAS GOLD IN DIR 165
Befreie deine innere Stimme 166
Neun Schreibimpulse 174

Du hast alles in dir, was du brauchst 184

AUF DER SUCHE NACH FREIHEIT

WAS ICH IN ASIEN SUCHTE, FAND ICH IN MIR SELBST. IN DIESEM BUCH ZEIGE ICH DIR DEN WEG.

EINE LANGE REISE … UND EINE ALLTAGSTAUGLICHE ABKÜRZUNG

Damals in einem Tempel im Süden Thailands, in einer kleinen Zelle mit einem Bett aus Stein und einem Kissen aus Holz hätte ich mir niemals träumen lassen, dass ich Jahre später die Praxis, die dort von den Mönchen gelehrt wurde, in großen Unternehmen mit Unterstützung der Krankenkassen unterrichten würde. Schon damals allerdings hatte ich das Gefühl, dass ich hier im östlichen Teil dieser Welt Antworten auf Fragen finde, die ich in meiner Heimat vergeblich gesucht hatte.

Immer wenn in Deutschland die kalte Jahreszeit anbrach und im Januar der Frühling so unendlich weit weg zu sein schien, zog es mich nach Thailand. Weihnachten zu Hause im Schnee zu feiern, mit einem Flugticket nach Bangkok in der Tasche, fühlte sich gut an. Die Aussicht, in wenigen Wochen dem Winter entfliehen zu können, den warmen Sand unter den Füßen zu spüren und in einer Hängematte den rauschenden Wellen beim Kommen und Gehen zu lauschen, hatte für mich etwas sehr Beruhigendes.

In dem Leben, das ich zu Hause führte, hatte ich oft das Gefühl, mich selbst zwischen innerem und äußerem Erwartungsdruck zu verlieren und mir und meinen eigentlichen Bedürfnissen hinterherzulaufen. Das hatte vielschichtige Gründe. Auf meinen Schultern lastete eine emotionale Verantwortung, an der ich schwer zu tragen hatte. Mir selbst habe ich dabei immer weniger Raum zugestanden. Dieser Raum war in meiner Realität einfach nicht da, denn er war schon besetzt von der Sorge um einen geliebten Menschen.

Die Sehnsucht nach einem Ort, an dem ich mich frei fühlen und entfalten kann, einem Ort, an dem ich wieder zu mir zurückkommen und mich um meine Bedürfnisse kümmern darf, war groß. Wenn ich in Thailand auf meiner Insel ankam, konnte ich innehalten, frei durchatmen und mich selbst wieder einholen. Ich fand den Raum der Freiheit, den ich gesucht hatte, auf einer Insel, in einem Tempel hoch über dem Meer:

Ich fand diesen Raum der Freiheit in mir selbst.

Wie wunderbar, so konnte ich ihn überallhin mitnehmen. Tatsächlich begleitet er mich seitdem, und Thailand, meine Insel, mein Raum ist überall. Ich verstand, dass das, was ich gesucht hatte, nicht an einen äußeren Ort gebunden ist.

DEINE REISE ZU DIR SELBST

Wünschst du dir auch manchmal einen Ort, der für dich immer erreichbar ist, an dem du in dir ruhen und neue Kraft tanken kannst? Wir alle haben solch einen Ort in uns und es ist die Reise nach innen, die uns dorthin führt. Die Achtsamkeit, die Essenz der Lehren des Buddha, ist der Schlüssel zu deinem inneren Tempel. Dieser heilige Ort ist ein Teil von dir und wartet darauf, von dir betreten zu werden. Du musst es nur wollen und dir die Zeit für dich und deinen Weg nehmen. Mit fortschreitender Achtsamkeit bekommst du wieder Zutritt zu deinem inneren Tempel. Klarheit, Ruhe und ein tiefes Verständnis für dein Dasein stellen sich ein, ein Verbundensein mit dir selbst und mit dem großen Ganzen wird spürbar. Dieser innere Raum war schon immer ein Teil von dir, aber durch unseren beschleunigten und digitalisierten, von Medien geprägten Alltag wurde sein Zugang verschüttet.

Du musst nicht weit reisen, in ein Kloster oder einen Ashram gehen und stundenlang mit schmerzenden Knien im Lotossitz ausharren. Du kannst dir hier in deinem Alltag Schritt für Schritt den Weg zu deinem inneren Tempel erschließen.

Dieses Buch eröffnet dir einen Zugang zu deinem inneren Tempel. Es lässt Trampelpfade entstehen, die dich zu seinem Eingang bringen, und überreicht dir feierlich den Schlüssel. Auf diesen Schlüssel kannst du in deinem Leben immer wieder zurückgreifen, auch in schweren, belastenden Phasen, in denen es scheinbar keinen Ausweg gibt. In deinem inneren Tempel hast du Zugang zu deinem intuitiven Wissen, das jenseits von dem, was dein Verstand begreifen kann, da ist.

AUF DER SUCHE NACH FREIHEIT

Der erste Teil dieses Buches lädt dich auf eine Reise zu den Wurzeln der buddhistischen Lehre ein. Ihr Kern ist auf ihrem langen Weg in den westlichen Teil dieser Welt teilweise verloren gegangen, doch wir schauen jetzt tiefer.

Im zweiten und dritten Teil werden dir Wege aufgezeigt, die deine Achtsamkeit wecken und entwickeln. Du bekommst alltagstaugliche Übungen und Rituale an die Hand, die dich befähigen, in Stresssituationen bei dir zu bleiben, in deinen inneren Tempel einzutauchen und von dort aus die Zusammenhänge intuitiv zu begreifen und mit Klarheit und Gelassenheit zu reagieren. So kannst du dein Leben immer mehr in eine positive Richtung lenken. Je mehr du in Kontakt mit deiner inneren Stimme kommst und Zugang zu deinem inneren Tempel findest, umso mehr wird sich dein Leben von ganz allein entfalten. Es breitet sich ein Weg vor dir aus, der dir entspricht und auf dem du dich Schritt für Schritt selbst finden und verwirklichen kannst. Das gibt dir auch den Mut, der Mensch zu sein, der du in deiner tiefsten Seele sein willst.

BUDDHAS GESCHENK

ACHTSAMKEIT IST DER SCHLÜSSEL
ZU DEM TEMPEL IN DIR.
WAS ABER IST ACHTSAMKEIT?
WO LIEGEN IHRE WURZELN
UND WIE KÖNNEN WIR
SIE HEUTE LEBEN?

DEN FOKUS AUF SICH SELBST LENKEN

»NIMM DIR JEDEN TAG ZEIT, STILL ZU SITZEN UND AUF DIE DINGE ZU LAUSCHEN. ACHTE AUF DIE MELODIE DES LEBENS, DIE IN DIR SCHWINGT.« SIDDHARTA GAUTAMA

INNERE RUHE KOMMT NICHT VON UNGEFÄHR

Die Menschen in Thailand scheinen auf eine besondere Art und Weise in sich zu ruhen. Die emotionalen Turbulenzen des Lebens nehmen sie mit einem Lächeln hin, so als wüssten sie etwas, das wir nicht wissen. Je mehr Zeit ich in Thailand verbrachte, umso stärker wurden meine Neugier und das Bedürfnis, dem Geheimnis dieser Kultur, die so anders ist als unsere, auf die Spur zu kommen. Mir wurde schnell klar, dass der Ursprung dieser besonderen Ruhe und Gelassenheit in den buddhistischen Tempeln zu finden ist, die mit ihren golden leuchtenden Chedis (das sind kegelförmige Türme, die die Verbindung zu einem höheren Selbst symbolisieren) das ganze Land verheißungsvoll schmücken. Ein thailändischer Wat (eine buddhistische Tempelanlage) ist ein Ort des Friedens. Inmitten einer hektischen Millionenstadt wie Bangkok kann man hier den Lärm und die Betriebsamkeit der Welt hinter sich lassen und eintauchen in eine abrupte Stille, die nur durch das leise Klingen von Windspielen durchbrochen wird und sich anfühlt, als würde augenblicklich die Zeit stehen bleiben. Dieser faszinierende Gegensatz hat mich von Anfang an magisch angezogen. Ich hatte das Gefühl, dass es sich für mich lohnt, innezuhalten und mich auf die Lehren des Buddha einzulassen, nicht theoretisch, sondern praktisch, mit allen Konsequenzen. Mir war nicht klar, worauf ich mich da einlasse. Es war ein Sprung ins Unbekannte, ein kompromissloses Verlassen meiner Komfortzone, ein großes Abenteuer, das ein wundervolles Geschenk für mich bereithalten sollte.

WAS BLEIBT, WENN ALLES ANDERE WEGFÄLLT?

Wie oft am Tag blicken wir auf unser Smartphone, verschwinden in sozialen Netzwerken oder in anderen Ablenkungen und angeblich unaufschiebbaren Aufgaben? Kann es sein, dass sich die Welt auch ohne all das weiterdreht? Und halten wir das, was dann spürbar wird, aus?

Vipassana (Einsicht) heißt eine der ältesten Meditationsformen, die im Theravada-Buddhismus gelehrt wird. In einigen Tempeln in Thailand gibt es Vipassana-Meditations-Retreats, die in englischer Sprache abgehalten werden und auch von Falangs (Fremden) besucht werden dürfen. Allerdings nicht einfach so, um mal auszuprobieren, wie es ist, in einem

Tempel zu leben und mit echten Mönchen zu meditieren. Der Aspirant muss sich vorher in einem persönlichen Gespräch bewerben und sich ganz klar für die Teilnahme an einem vollständigen Retreat (zehn Tage oder drei Monate) entscheiden. Ein vorzeitiges Verlassen ist dann nur im absoluten Notfall möglich. Es ist also eine ernste Angelegenheit. Und es gibt strenge Regeln: Wertsachen und alles, was ablenkt, wie technische Geräte, Bücher oder Schreibutensilien, werden abgegeben. Es ist das, was Retreat wirklich bedeutet: ein vollkommener Rückzug aus allen Tätigkeiten und Bezügen. Es gibt für diese Zeit keine Erreichbarkeit und keine Ablenkung. Es ist etwas anderes, ob man sein Telefon ausschaltet, weil man für ein paar Stunden an einem Seminar teilnimmt, oder ob man wirklich für einen längeren Zeitraum ohne die vermeintlich unverzichtbare Erreichbarkeit lebt.

Im Tempel praktiziert man absolute Stille. Es wird in keiner Form kommuniziert, weder durch Worte noch durch Blicke oder Gesten. Sport, Yoga oder ähnliche Dinge sind untersagt. Es wird ausschließlich Meditation praktiziert, im Sitzen, im Stehen und im Gehen. Auch die beiden Mahlzeiten am Tag werden schweigend und mit voller Achtsamkeit eingenommen. In einem Vipassana-Retreat verlässt man seine Komfortzone in jeder Beziehung und lässt sich auf ein großes Abenteuer ein, auf die Frage: Was bleibt von uns übrig, wenn alles andere wegfällt?

Die Wirkung, die ein so umfassender Rückzug hat, ist verblüffend. Die Scheuklappen, die wir uns zugelegt haben, um in unserem hektischen und lärmenden Alltag zu bestehen, fallen schon nach wenigen Tagen. Die Sinne öffnen sich und die

DEN FOKUS AUF SICH SELBST LENKEN

Geräusche der Natur, das Zirpen der Grillen, die Farben und die Gerüche finden ungehindert Eingang. Auch die Gedanken und Gefühle im Inneren treten jetzt ungefiltert nach vorn, was mitunter sehr schmerzhaft sein kann. Wenn wir schweigen, beginnt unser Geist zu sprechen, und es ist wohl die schwerste Arbeit, die man machen kann, diesen Geist zur Ruhe zu bringen, um zu dem zu gelangen, was hinter den Gedanken liegt. Es ist ein weiter und kein leichter Weg, aber dann ist sie da, diese alles durchdringende Stille, die so wohltuend ist, dass es nur schwer in Worte zu fassen ist. Wenn man es momentweise schafft, die Gedanken, die verrückt wie wild gewordene Affen von Ast zu Ast springen, zur Ruhe zu bringen, kann man eintauchen in diesen See der Stille, in dem es nur vollkommene Klarheit, Reinheit, Ruhe und Frieden gibt. Eine klare, selbstverständliche Verbundenheit mit sich selbst und allem, was einen umgibt, breitet sich aus und taucht alles in Wärme, Licht und Leichtigkeit. In diesem Zustand gibt es keine Fragen mehr.

In dem Moment, wenn wir alle äußeren Ablenkungen loslassen, führt uns die Reise in unser Inneres, in unseren inneren Tempel, zum Kern unseres Daseins. Das hört sich vielleicht einfach an. Aber das ist es nicht. Angefangen damit, dass es uns unmöglich erscheint, unsere alltäglichen, vermeintlich so wichtigen Beschäftigungen ruhen zu lassen. Wenn dieser erste Schritt, die automatisierten Tätigkeiten und den äußeren Lärm ein Stück weit hinter uns zu lassen, getan ist, geht die Reise von ganz allein weiter nach innen. Es ist eine lange Reise und es ist nicht einfach, durch all die Ablenkungen links und rechts nicht vom Weg abzukommen. Nicht jeder kann sich eine komplette Auszeit nehmen und für zehn Tage oder drei Monate in einen Tempel gehen. Diesen Rückzug im Alltag zu suchen, ist natürlich viel schwieriger und herausfordernder, aber es ist möglich. Wir können neue Routinen und Rituale entwickeln und Techniken anwenden, die uns auf diesem Weg begleiten und uns immer wieder nach innen führen. Du wirst sie im Verlauf dieses Buches kennenlernen.

*Achtsamkeit und Stille
im Alltag entwickeln –
bist du dabei?*

DIE WURZELN DER ACHTSAMKEIT

WAS IST DIESE VIEL ZITIERTE ACHTSAMKEIT WIRKLICH? WAS IST DER EIGENTLICHE KERN DIESER JAHRTAUSENDE ALTEN BUDDHISTISCHEN QUALITÄT?

ACHTSAMKEIT – NUR EINE MODEERSCHEINUNG?

Achtsamkeit ist mitten in unserer Gesellschaft angekommen, ist Mainstream geworden, ein geflügeltes Wort, das sich in den Titeln vieler Lifestyle-Magazine und Wellness-Arrangements wiederfindet. Der Begriff der Achtsamkeit hat seinen Ursprung im Buddhismus. Die ältesten schriftlichen Hinweise auf Achtsamkeit (*sati* in der damaligen Schriftsprache, dem Pali) findet man im sogenannten Palikanon des Theravada-Buddhismus. Es ist die älteste buddhistische Schule, die noch heute in Sri Lanka, Myanmar, Laos, Kambodscha und Thailand praktiziert wird. Alle anderen buddhistischen Traditionen, wie beispielsweise der Zen-Buddhismus oder der tibetische Buddhismus, haben ihren Ursprung in dieser Jahrtausende alten Tradition. Ungefähr im 1. Jahrhundert v. Chr. haben Mönche die Lehren von Gautama Buddha, der vermutlich im 5. Jahrhundert v. Chr. lebte, aufgeschrieben. Diese Texte, die zuvor nur mündlich überliefert worden waren, sind das älteste schriftliche Zeugnis der buddhistischen Lehre. Für die Entwicklung und Schulung der Achtsamkeit sind hauptsächlich zwei Lehrreden des Buddha von Bedeutung: die Lehrrede von den vier Grundhaltungen der Achtsamkeit, das Satipatthana Sutta, und die Lehrrede von der Achtsamkeit auf den Atem, das Anapanasati Sutta. Beide Suttas beschreiben sehr genau die Praxis der Meditation. Im ersten Schritt die Konzentration auf die Atmung und im zweiten Schritt das bewusste Wahrnehmen und Beobachten von körperlichen und geistigen Zuständen.

Die buddhistische Achtsamkeitslehre hat einen weiten Weg in die westliche Welt zurückgelegt und die Frage liegt nahe, warum sich Menschen hier an einem buddhistischen Konzept der Achtsamkeit orientieren, wenn es etwas Entsprechendes doch auch in ihren eigenen spirituellen Traditionen gibt, auch im Christentum. In einem Zitat, das dem Mystiker Meister Eckhart zugeschrieben wird, heißt es:

> »Immer ist die wichtigste Stunde die gegenwärtige, immer ist der wichtigste Mensch der, der dir gerade gegenübersteht, immer ist die wichtigste Tat die Liebe.«

Der buddhistische Achtsamkeitsansatz scheint besser zum Entwurf unserer modernen Gesellschaft zu passen als viele andere spirituelle Traditionen. Das mag daran liegen, dass buddhistische Achtsamkeitspraxis und Meditation ohne religiöse Ausrichtung praktiziert werden kann. Der Buddhismus ist keine theistische Religion. Es gibt keine *religio*, keine Rückbindung an einen allmächtigen Gott und Schöpfer. Buddha wird nicht als Gott verehrt, sondern als Lehrer, der seine eigene Lehre in seinem Leben auf diesem Planeten verwirklicht hat. Der Buddhismus ist in seiner ursprünglichen Form auch kein Glaubenssystem, sondern eine Wissenschaft, eine Philosophie und ein Lebensweg, verbunden mit einem praktischen Meditationssystem. Er enthält zwar grundlegende Prinzipien, die jedoch keinesfalls blind geglaubt und akzeptiert werden sollen. Der Praktizierende ist aufgefordert, die Gültigkeit durch eigene Erfahrung und Reflexion zu überprüfen.

Der Buddhismus bietet uns mit all dem eine Möglichkeit an, einfache Techniken in unseren Alltag einzubinden und zu praktizieren – mit einem spürbaren Ergebnis. Der Geist wird ruhiger und klarer. Wir verlieren uns weniger in Emotionen und können die Dinge etwas mehr so sehen, wie sie sind. Nicht mehr so, wie wir Angst haben, dass sie sein könnten, und auch nicht mehr so, wie wir sie gern hätten. Das hat zur Folge, dass wir besser auf alltägliche Herausforderungen reagieren können, klarer, ruhiger und damit effektiver und gesünder. Wir kommen mehr in Einklang mit uns selbst und mit den Dingen des täglichen Lebens.

Darüber hinaus zeigen uns die Lehren des Buddha einen Weg auf, der uns unser Dasein besser verstehen und in einen größeren Zusammenhang einordnen lässt. Wir können Antworten in uns finden, auch auf übergreifende spirituelle Fragen, wenn wir tief genug in uns und in die Stille, in den Tempel in uns eintauchen und uns als Teil des großen Ganzen begreifen und aufgehoben fühlen.

DER SCHLÜSSEL ZU DEINEM INNEREN TEMPEL

WIE KANN UNS DIE ACHTSAMKEIT EINEN ZUGANG ZU UNSEREM INNEREN TEMPEL VERSCHAFFEN?

DIE WELT MIT NEUEN AUGEN SEHEN

Der Begriff Achtsamkeit beschreibt eine besondere Form der Aufmerksamkeit. Dabei handelt es sich um einen klaren Bewusstseinszustand, der jede innere und äußere Erfahrung im gegenwärtigen Moment registriert und zulässt, ohne sie zu bewerten. Diese besondere Qualität der Aufmerksamkeit muss erst freigelegt werden, sie ist überlagert von unseren individuellen Bewertungsmustern, unseren Sorgen, Ängsten und Wünschen.

Wir sehen die Dinge um uns herum in der Regel so, wie wir sie fürchten oder so, wie wir sie uns wünschen. Unsere Wahrnehmung ist von unseren individuellen Erlebnissen und Erfahrungen geprägt, sie ist konditioniert und von verschiedenen Filtern verfälscht, das Bild ist nicht klar. Anaïs Nin sagt, dass wir die Dinge meist nicht so sehen, wie sie wirklich sind, sondern eher so, wie wir selbst sind.

Wer Achtsamkeit ernsthaft und regelmäßig praktiziert, spürt, dass sich nach und nach ein klarer und stabiler Geist entwickelt, auf den man auch in schwierigen Situationen zurückgreifen und sich mit einer neu gewonnenen inneren Ruhe und Klarheit verbinden kann. Es entsteht ein Bewusstsein dafür, dass Glück und Lebensfreude nicht von äußeren Bedingungen oder Dingen abhängig sind, die doch stets konditioniert und vergänglich sind, sondern in dieser inneren Klarheit und Ruhe liegen. Auf der Grundlage wachsender Achtsamkeit entwickeln sich verschiedene Eigenschaften, die bewusstes Sein ermöglichen und den Eingang zu unserem inneren Tempel freilegen:

- Die Gedankenströme kommen allmählich zur Ruhe, der Geist wird klar und kann die Dinge als das erkennen, was sie wirklich sind.
- Wir fühlen uns psychischen und emotionalen Belastungen und anderen Herausforderungen des Lebens deutlich besser gewachsen.
- Wir sind geduldiger und mitfühlender mit uns selbst und mit anderen.
- Wir sind weniger ängstlich und seltener deprimiert.
- Wir entwickeln Impulskontrolle und können negative Emotionen besser lenken und regulieren.
- Wir erlangen mehr Gleichgewicht, Stabilität, Souveränität und Lebensfreude.
- Wir können selbstbestimmter und selbstbewusster entscheiden, handeln und leben.

Bei so vielen positiven Auswirkungen lohnt es sich, diese viel zitierte Achtsamkeit mal genauer unter die Lupe zu nehmen und sie in unser Leben einzuladen. Die Intention, die wir haben, spielt dabei eine entscheidende Rolle.

DIE GEEIGNETE AUSRICHTUNG

Wenn Achtsamkeit heutzutage in unserer westlichen Kultur praktiziert wird, dann ist die Motivation dafür nicht unbedingt im ursprünglichen buddhistischen Kontext zu finden. Es gibt unterschiedliche Motive, aus denen heraus Menschen zur Achtsamkeit finden. Die Anwendungsfelder reichen von Stressbewältigung und Gesundheitsvorsorge über berufliche Kompetenz bis hin zu Selbsterfahrung und spiritueller Praxis. In all diesen Bereichen hat die Achtsamkeitspraxis bereits ihre Wirkkraft bewiesen. Die Intention, also die konkrete individuelle Motivation für das Üben ist entscheidend für die Ausrichtung der Praxis. In unserem Kulturkreis ist eine neue Ausrichtung entstanden, die nicht unbedingt mit der ursprünglichen Intention übereinstimmt. Aufgrund der gesellschaftlichen und kulturellen Umstände übernimmt die Achtsamkeit mehr und mehr eine funktionale Rolle. In den Bereichen, in denen die Menschen unter den Auswirkungen unserer postmodernen Gesellschaft leiden, versucht man es nun mit Achtsamkeit, wenn man mit anderen Mitteln nicht mehr weiterkommt. Es geht also stark um Selbstregulation, um in vorgegebenen Systemen besser funktionieren zu können. Wer durch eine

Achtsamkeitspraxis eine verbesserte Stresstoleranz erreicht hat, kann dann auch stärker belastet werden. Eine solch funktionale Ausrichtung der Achtsamkeit könnte also auch eine systemstabilisierende Wirkung haben. Wir passen uns an, um im Hamsterrad immer schneller laufen zu können. Wo bleibt da der innere Freiraum?

Achtsamkeit in ihrer eigentlichen ursprünglichen Ausrichtung kann so viel mehr als kompensieren. Der buddhistische Kern der Achtsamkeitslehre beinhaltet die Chance, den Weg in eine neue innere Freiheit zu finden und sich unabhängig zu machen von äußeren Umständen. Was aber bedeuten innere Freiheit und Unabhängigkeit wirklich?

> Die Erkenntnis, dass alles nur momentan ist, vergänglich und konditioniert, und dass immer wir es sind, die entscheiden, wie wir auf Herausforderungen und äußere Umstände reagieren.

Das richtige Verständnis und die passende Ausrichtung der Achtsamkeitspraxis ist der Schlüssel zu unserem inneren Tempel. Das wohl eindrücklichste Zeugnis dafür hat Viktor Frankl mit seinem Leben und Wirken gegeben, auch wenn er sicherlich nicht von Achtsamkeit gesprochen hat. Frankl war einer der wichtigsten Neurologen und Psychiater des 20. Jahrhunderts. Er begründete die Logotherapie und die Existenzanalyse und wird in einem Atemzug mit Sigmund Freud genannt.

Frankl wurde 1905 in Wien geboren und war als Jude einer der Verfolgten des Hitler-Regimes. Seine noch junge berufliche Karriere stoppte plötzlich, als er inhaftiert und in ein Konzentrationslager gebracht wurde. In Theresienstadt, Auschwitz und Bergen-Belsen starben seine Eltern, sein Bruder und seine junge Ehefrau. Frankl ist es gelungen, sich selbst unter diesen unvorstellbar grausamen Umständen seinen inneren Freiraum zu bewahren. Er hat sich entschieden, sein Schicksal zu tragen, ohne zu verbittern und zu verhärten, ohne Hass gegenüber seinen Peinigern und den Mördern seiner Familie zu entwickeln. Er hat sich entschieden, innerlich weich und frei zu bleiben, und die Freiheit, die wir alle haben, unsere Antwort auf äußere Umstände zu wählen, eindrücklich bezeugt. Frankl überlebte das Konzentrationslager und verblüffte mit seiner Einstellung zum Leben und seinem ungebrochenen Lebenswillen.

Viktor Frankl war sicher einer der außergewöhnlichsten und mental stärksten Menschen, die jemals auf diesem Planeten gelebt haben. Er führt uns das Prinzip der Wahlfreiheit, unter noch so widrigen Umständen Stellung zu beziehen, so drastisch vor Augen, dass es in Erinnerung bleibt.

Auch Viktor Frankl beschreibt auf eine gewisse Weise den inneren Tempel, der mit zunehmender Achtsamkeit für uns zugänglich wird. Er beschreibt ihn in seinem Buch »Und trotzdem Ja zum Leben sagen« auf eine sehr anschauliche und alltagstaugliche Art und Weise und trifft dabei die gleiche gern zitierte Kernaussage wie die Jahrtausende alte buddhistische Achtsamkeitslehre: »Zwischen Reiz und Reaktion liegt ein Raum. In diesem Raum haben wir die Freiheit und die Macht, unsere Reaktion zu wählen. In unserer Reaktion liegen unser Wachstum und unsere Freiheit.«

Das bedeutet, dass wir immer eine Wahl haben, egal wie erdrückend oder einschränkend die äußeren Umstände sind. Auch wenn uns die äußere Freiheit genommen wird und wir in jeder Beziehung unserer Rechte enteignet werden, wie es Frankl zu Zeiten des Nationalsozialismus geschehen ist, bleibt uns eine innere Freiheit. Die Freiheit, unsere Reaktion auf das Erlebte zu wählen.

DEN RAUM ZWISCHEN REIZ UND REAKTION IMMER OFFEN HALTEN

In dem Moment, in dem wir Zugang zu unserem inneren Tempel finden, können wir klar sehen und unterscheiden zwischen den Dingen, die wir nicht ändern können und hinnehmen müssen, und den Dingen, die wir ändern können, wenn wir uns innerlich ausrichten und mutig den Weg gehen, den unsere innere Stimme uns weist. Frei nach dem Philosophen Reinhold Niebuhr, der in Form eines Gebetes schrieb: »Gib mir die Gelassenheit, Dinge hinzunehmen, die ich nicht ändern kann, den Mut, Dinge zu ändern, die ich ändern kann, und die Weisheit, das eine vom anderen zu unterscheiden.«

Wäre es nicht schön, wenn wir den Schlüssel zu unserem inneren Tempel, in dem wir klar sehen und wählen können, immer zur Verfügung hätten? Einen Schlüssel, der, mit einem hüb-

schen Anhänger versehen, an unserem Schlüsselbrett hängt und den wir jederzeit einfach greifen können, wenn wir ihn brauchen? Aber oft finden wir diesen Schlüssel nicht, gerade in herausfordernden Situationen, aber auch in ganz banalen, immer wiederkehrenden Alltagsbegebenheiten scheint er oft unerreichbar zu sein. Oft fühlen wir uns ausgeliefert und von den Ereignissen überrollt. Wir schaffen es nicht, das Ruder in die Hand zu nehmen, und fühlen uns fremdbestimmt. Wir finden den Knopf nicht, den wir brauchen, um auf Stopp zu drücken, innezuhalten und etwas Abstand einzunehmen, um klar sehen zu können.

Genau an diesem Punkt kommt die Achtsamkeit ins Spiel. Sie überreicht uns feierlich den Schlüssel zu unserem inneren Tempel. Die Tür, die sonst viel zu schnell krachend ins Schloss fällt und uns hilflos zurücklässt, bleibt einen Spaltbreit offen. Je mehr wir die Achtsamkeit in uns etabliert haben, umso weiter und länger können wir diese Tür geöffnet halten. Und dann können wir eintreten in unseren inneren Tempel, in den Raum zwischen Reiz und Reaktion, in den Raum, in dem wir fähig sind, klar zu sehen und unsere Entscheidung zu treffen, wie wir uns zu den gegebenen Umständen einstellen wollen, ob sie nun veränderbar sind oder nicht.

Von dieser ursprünglichen Ausrichtung der Achtsamkeit und der ihr innewohnenden Kraft, das Leben selbstverantwortlich zu gestalten, handelt dieses Buch.

DEN AUTOMATISMUS DURCHBRECHEN

Angenommen, wir finden ihn, den Schlüssel mit dem hübschen Anhänger, und halten ihn lange genug in unserer Hand, um ihn ins Schloss stecken und umdrehen zu können. Wie finden wir die richtige Tür, den Ausgang aus unseren Automatismen? Und was genau erwartet uns auf der anderen Seite?

Den Raum zwischen Reiz und Reaktion zu finden bedeutet, den Automatismus zu durchbrechen, der immer dann einsetzt, wenn wir unter Stress geraten. Wir alle haben im Laufe unseres Lebens individuelle Verhaltensmuster entwickelt. Unsere Reaktion auf äußere Reize, wie beispielsweise in der Kommunikation mit anderen, läuft fast vollständig automatisch ab. Wir nehmen eine Situation wahr und deuten und bewerten sie auf der Basis unserer bisherigen Erfahrungen.

Die dadurch entstehenden Gefühle lassen uns so reagieren, wie wir immer schon auf eine solche Situation oder ein ähnliches Ereignis reagiert haben. Dieser Reiz-Reaktions-Mechanismus läuft in Bruchteilen von Sekunden ab. Uns ist in dem Moment nicht bewusst, wie wir reagieren. Unsere Reaktion entsteht völlig automatisch. Dieser Automatismus, der sich hier zwischen Reiz und Reaktion breitgemacht hat, ist individuell, konditioniert und konnte sich über viele Jahre hartnäckig in unseren Gewohnheiten einnisten. Aber die gute Nachricht ist: Er ist veränderbar. Wenn wir den Automatismus unterbrechen, finden wir den Ausgang und können mit fortschreitender Achtsamkeit in den Raum eintreten, in dem wir eine Wahl haben.

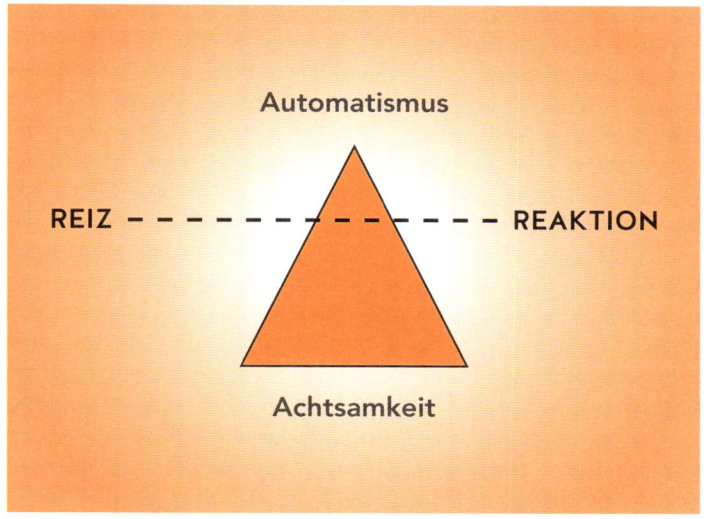

Durch die regelmäßige und kontinuierliche Achtsamkeitspraxis weiten wir den Moment der Achtsamkeit, der den Reiz-Reaktions-Mechanismus unterbricht, aus. Wir bekommen einen Fuß in die Tür und haben die Möglichkeit, Zutritt zu unserem inneren Tempel und damit Zugriff auf unsere innere Klarheit zu bekommen. Der Automatismus ist durchbrochen und die Chance, anders mit der Situation umzugehen, ist da.

Aus der Erfahrung in meiner Arbeit in der betrieblichen Gesundheitsförderung weiß ich, dass es für viele Menschen sehr hilfreich und anschaulich ist, sich dieses Prinzip bewusst zu machen, da es in alltäglichen Stress auslösenden Situationen klar anwendbar ist.

EIN BEISPIEL

Ein wichtiges Meeting mit der Vorgesetzten steht an, eine Präsentation muss dafür noch vorbereitet werden. Mehrere E-Mails gehen ein, die sofort beantwortet werden müssen, und dann steht zeitgleich auch noch die Kollegin in der Tür, mit der wir dringend ein klärendes Gespräch führen müssen. Die Kollegin kommt auch gleich zum kritischen Punkt und wir merken, dass der altbekannte Reiz-Reaktions-Automatismus an Fahrt aufnimmt: Das Herz schlägt schneller, wir beginnen zu schwitzen, Wut steigt auf und fast sprudeln die konfliktbefeuernden Worte, die uns auf der Zunge liegen, schon aus uns heraus...
Da erinnern wir uns an das eben beschriebene Schema. An den Fuß, den wir genau jetzt in die Tür bringen können, um

die Situation entscheidend zu verändern und sie ganz bewusst in eine gute Richtung zu lenken. Wir haben Techniken, die den Achtsamkeitsmuskel stärken, kennengelernt und in unserem Alltag etabliert. Und genau jetzt können wir darauf zurückgreifen. Wir wissen, wie wir unsere Achtsamkeit aktivieren können, wie wir einen Moment innehalten und innerlich Abstand nehmen können, um dann bewusst unsere Reaktion zu wählen. Sofort tritt ein Gefühl der Entspannung ein, der Puls verlangsamt sich, wir finden unsere Mitte wieder und handeln im Einklang mit uns selbst. Wir danken der Kollegin für ihre Klärungsbereitschaft, bitten sie ruhig, das Gespräch um ein paar Stunden zu verschieben, und widmen uns konzentriert der Präsentation. Je öfter uns so etwas gelingt, umso leichter und schneller können wir auf diese so wichtige Kompetenz der Achtsamkeit zugreifen. Dieses Beispiel ist auch auf jede Stress auslösende Situation im privaten Kontext übertragbar.

PRAXIS

Satva

Hier eine erste kleine Achtsamkeitsübung, ein Schlüssel, der dir helfen kann, in Stressmomenten die Tür zu deinem inneren Tempel einen Spaltbreit offen zu halten, den Reiz-Reaktions-Automatismus zu unterbrechen, zu dir zu kommen und aus deiner Mitte heraus deine Reaktion zu wählen.
Sie besteht aus fünf kleinen Schritten und dauert nur wenige Sekunden. Probier sie aus, wenn dich etwas ärgert oder stresst. Du wirst mit etwas Übung immer besser darin.
Satva ist ein Wort aus dem Sanskrit und bedeutet »Klarheit«. Die Anfangsbuchstaben helfen dir, die fünf Schritte zu verinnerlichen:

- **S: Stopp.** Innehalten und innerlich einen Schritt zurücktreten. Versuche, die Situation mit ein wenig innerem Abstand zu betrachten.
- **A: Atmung.** Verbinde dich bewusst mit deiner Atmung, lass die Atemzüge länger und feiner werden.
- **T: Tempel.** Am Ende der langen Ausatmung tauche für einen Moment in deine Mitte ein, deinen inneren Tempel.
- **V: Verbindung.** Komm zurück in die Situation und verbinde dich mit deiner Umgebung und den beteiligten Personen.
- **A: Agieren.** Was möchtest du jetzt tun? Was ist hilfreich für dich und die Situation? Agiere bewusst.

DIE STILLE DES INNEREN TEMPELS

WAS ERWARTET DICH IN DEINEM INNEREN TEMPEL? VOR ALLEM EINE KÖSTLICHE STILLE, DIE WIR IN UNSEREM MODERNEN LEBEN KAUM NOCH KENNEN.

STILLE? LIEBER NICHT!

Bei meinem ersten Vipassana-Retreat hatte ich großen Respekt davor, wie es sich wohl anfühlen würde, wochenlang mit vielen Menschen zusammen zu sein, aber kein einziges Wort mit ihnen zu wechseln und bei einer Begegnung den Blick zu senken, außerdem keine Musik zu hören und sich mit nichts ablenken zu können. Kann man es ertragen, ganz und gar auf sich selbst zurückgeworfen zu sein?

Ich sollte überrascht werden, denn das Schweigen wurde zu meiner leichtesten Übung. Nicht in Kommunikation zu gehen, einfach in Stille bei mir zu bleiben, das fühlte sich von Anfang an ganz leicht und irgendwie befreiend an. Es hat mir unglaublich gutgetan, keine Erwartungen, die ein Gegenüber (real oder vermeintlich) an mich stellt, erfüllen zu müssen.

Und trotzdem ist es eine herausfordernde, sehr ungewöhnliche Situation, in die man sich da begibt.

Im Alltag sind wir selten allein, Ablenkung gibt es mehr als genug. Für die Stille muss man sich aktiv entscheiden. Unser Leben ist durchtränkt von Lichtern, Bildern, Geräuschen und Farben, ständig liefern wir uns äußeren Reizen aus. Im Auto läuft Musik, in der Wohnung der Fernseher, beim Spazierengehen der Podcast. Wir sind Profis darin, uns permanent zu beschäftigen. Auch wenn es eigentlich gar nichts zu tun gibt, halten wir es kaum aus, einfach nur auf dem Sofa zu sitzen und nichts anderes zu tun, als unserem Atem zu lauschen. Stille wird uns immer fremder.

Stille, Ruhe und innere Einkehr sind womöglich für einige von uns deshalb so beängstigend, weil man in solchen Momenten mit sich selbst in Kontakt treten muss. Ist das mit negativen Gefühlen und Ängsten verbunden, flüchten wir uns lieber in unsere selbst etablierten Vermeidungsstrategien. Die Stille zu vermeiden bedeutet also, letztendlich sich selbst zu vermeiden. Wenn wir uns allerdings trauen, uns der Stille auszuliefern, können wir uns mit unseren Wünschen und Ängsten verbinden. Die Stille erlaubt es uns, mit uns in Kontakt zu treten, uns selbst kennenzulernen und unsere innere Stärke und Stimme wiederzufinden.

Der Raum, der sich auftut, wenn wir uns der Stille anvertrauen, ist nicht beängstigend leer oder gar erdrückend, langweilig oder beengend. Es ist vielmehr ein Gefühl von Weite, Freiheit und Unendlichkeit, das sich einstellt, wenn wir lange genug ganz bei uns bleiben. Wir fühlen uns nicht allein und verloren, sondern in einem nie da gewesenen Kontakt mit uns selbst und allem, was uns umgibt. Aus dem Gefühl heraus, getrennt zu sein von allem, was uns umgibt, entsteht unser Leiden, wusste schon Buddha. Doch je tiefer wir in unseren inneren Tempel vordringen, umso mehr löst sich dieses dualistische Empfinden auf und geht in ein Gefühl der umfassenden Verbundenheit über.

DIE WELLE IST DAS MEER

Dieser Einheit kann ich mich am besten nähern, wenn ich am Meer sitze und den Horizont betrachte. Ein Gefühl für Weite, Freiheit, Unendlichkeit und das große Ganze kommt auf. Jede einzelne Welle, die sich am Ufer bricht, fließt in ihrer Essenz wieder zurück ins Meer, ist Teil davon, ein ewiger Kreislauf, mal ganz ruhig, leise plätschernd, mal laut, kraftvoll und energetisch. Ein Kommen und Gehen, Einatmen und Ausatmen. Die Welle bäumt sich voller Leben auf, um gleich darauf loszulassen und sich zu ergeben, in ihrer Form zu verenden und in etwas anderes überzugehen, etwas Größeres, aus dem sie bald darauf erneut entsteht. Es ist die Aufgabe der Welle, zum Meer zu gehören, ein Teil des großen Ganzen zu sein und sich dem ewigen Kreislauf hinzugeben, ihn durch ihr Dasein zu bereichern.

Ab und zu spült eine Welle eine Schneckenmuschel an den Strand. Die Schnecke zeigt uns, was wir alles verpassen, wenn wir dem Leben einfach nur vorauseilen und uns keine Zeit mehr für die kleinen, aber wichtigen Dinge nehmen. Sie weist uns darauf hin, innezuhalten, die anderen ruhig rasen zu lassen, auch wenn sie uns überholen. Spätestens dann, wenn ihnen die Puste ausgeht oder sie wegen einer zu hohen Geschwindigkeit aus der Bahn fliegen oder zu weit vom Weg abkommen, holen wir sie wieder ein. Die Schnecke zieht sich ab und zu in ihr Schneckenhaus zurück, sie nimmt Abstand von allem und findet ihre innere Ruhe wieder. So wie sich die Spirale auf dem Schneckenhaus auf einen Punkt konzentriert, können wir uns innerlich sammeln und zentrieren, können uns zurückziehen und in unserer Mitte zu uns finden, in den inneren Tempel eintauchen und uns in einem Gefühl von absoluter Ruhe, Klarheit und Verbundenheit finden und sinnvoll neu ausrichten.

Ich werde den Moment nie vergessen, als ich in Thailand nach meinem ersten Vipassana-Retreat den Tempel verlassen habe. Es war ein wunderschönes Gefühl. Ich war stolz und glücklich, dass ich durchgehalten hatte und mich so sehr bei mir fühlte wie niemals zuvor. Voller Dankbarkeit ging ich ganz langsam, achtsam, Schritt für Schritt den Berg hinab und näherte mich der Welt. Der Lärm, der mir entgegenschlug, war überwältigend und schmerzhaft. Ich war überfordert und hatte Angst, mein neu gewonnenes Gefühl wieder zu verlieren. So erlaubte ich mir, mich in den ersten Tagen noch oft in mein Schneckenhaus, in meinen inneren Tempel zurückzuziehen und immer wieder bewusst die Stille zu suchen. In kleinen Schritten konnte ich mich der Außenwelt, in der es so viel Schönes und Spannendes zu entdecken gibt, wieder nähern.

Nach und nach habe ich mich wieder ins Leben gestürzt. Ich fühlte mich so leicht und frei, so voller Energie und Lebensfreude, dass ich locker zwei Tage und Nächte durchfeiern und barfuß an Thailands Stränden in den Sonnenaufgang tanzen konnte. Welche Droge ich genommen hätte, wurde ich von meinen Freunden der Nacht gefragt. Ich hatte die Freiheit, die ich so sehr gesucht hatte, in mir gefunden. Alles, was mir fehlte, war tief in mir schon da. Und so war meine Antwort: Das Wundermittel, das alles enthält, was du dir wünschst, kann man nicht konsumieren, es ist schon da: in dir.

Ich verliere mich immer wieder in der Außenwelt, aber ich weiß, wie ich wieder zurück nach innen finden kann. Es gibt nichts Schöneres, als sich selbst zu kennen und zu wissen, wie man bei sich bleiben kann. Den Weg genau dorthin will dir dieses Buch zeigen.

DIE REISE GUT VORBEREITEN

WENN WIR UNS AUFMACHEN,
UNSEREN INNEREN TEMPEL ZU FINDEN,
KÖNNEN UNS EINIGE ALTBEWÄHRTE
WEGWEISER HELFEN.

DEN GEIST IMMER WIEDER DURCHFEGEN

»KEIN WEG FÄLLT DEM MENSCHEN SCHWERER ZU GEHEN ALS DEN, DER IHN ZU SICH SELBST FÜHRT«, SCHRIEB HERMANN HESSE.

GEISTIGE HYGIENE – JEDEN TAG EIN BISSCHEN

Du musst nicht in einen Tempel gehen und wochenlang schweigen oder im Lotossitz mit schmerzenden Knien ausharren und stundenlang »Ooohmmm« summen, um den Weg zu deinem inneren Tempel zu finden. Du kannst dir hier und jetzt in deinem Alltag durch das Üben der sogenannten formellen Achtsamkeitstechniken deinen Weg erschließen, der dich zu dir führt.

Erlaube dir, jeden Tag etwas Raum und Zeit nur für dich zu beanspruchen und abzutauchen in deinen ganz persönlichen Alltagstempel. Hier darfst du alles andere außen vor lassen und ganz bei dir bleiben. Du ziehst dich in dein tägliches Mini-Retreat zurück. Wenn du dir eine Zeit dafür festlegst, gibt das deinem Tag Struktur und dir das gute Gefühl, dass du etwas für dich und dein Leben tust. Das Schöne ist, dass die Effekte sehr schnell spürbar werden. Der Geist wird klarer, der Nebel lichtet sich und schon nach kurzer Zeit wirst du mit einem anderen Gefühl und deutlich bewusster durch deinen Tag gehen. Dieses Buch nimmt dich an die Hand und zeigt dir die verschiedenen Wege, die du gehen kannst, bis dein ganz persönlicher Trampelpfad entsteht, der dich zu deinem inneren Tempel führt. Eine vorbereitende Basis ist ein tägliches Achtsamkeits-Date mit dir selbst.

DU BIST SO VIEL MEHR ALS DEIN KÖRPER

Die Mönche in den Tempeln Thailands haben sich oft kopfschüttelnd darüber gewundert, dass wir Menschen in der westlichen Welt so viel Zeit am Tag für Körperpflege einplanen. Dagegen vernachlässigen wir in ihren Augen die geistige Hygiene komplett und überschütten unseren Geist stattdessen mit einer überwältigenden Menge an Informationen, die er kaum verarbeiten und verkraften kann. Genauso, wie wir uns jeden Tag Zeit nehmen, um unsere Zähne zu putzen, sollten wir uns auch jeden Tag Zeit dafür nehmen, unseren Geist ordentlich durchzufegen. Ideal dafür: ein formelles Achtsamkeitstraining. Probier es aus und du wirst schon nach wenigen Tagen den Unterschied spüren. Es fühlt sich gut an, mit einem reinen und klaren Geist in den Tag zu starten oder den Tag in Stille zu beenden, die Eindrücke zu klären und vor dem Schlafen zur Ruhe zu kommen.

Formelle und informelle Praxis

FORMELLE ACHTSAMKEITSPRAXIS

Hierfür setzt du dir einen Zeitrahmen und übst eine bestimmte Methode der Achtsamkeit. Meditation, Yoga und der Bodyscan zählen beispielsweise dazu. Du wirst sie in diesem Buch noch im Detail kennenlernen.

Wenn du den tiefen Wunsch hast, mehr Achtsamkeit und Bewusstsein in dein Leben zu bringen, solltest du dem formellen Achtsamkeitstraining einen festen Platz in deinem Alltag zugestehen. Jeden Morgen zehn Minuten oder sogar eine halbe Stunde. Oder am Abend einen festen Zeitraum.

INFORMELLE ACHTSAMKEITSPRAXIS

Hierbei wendest du die Techniken der Achtsamkeit im Alltag an. Bei einem aufkommenden Streit hältst du inne und erschaffst einen Raum zwischen Reiz und Reaktion. Bei einem Gefühl von Angst gehst du nach innen und spürst nach, was los ist. Je mehr deine formelle Praxis fortschreitet, umso mehr macht sie sich dann auch im Alltag bemerkbar.

GRUNDHALTUNGEN LADEN DIE ACHTSAMKEIT EIN

DIE GRUNDHALTUNGEN DER ACHTSAMKEIT BEREITEN DIR DEN WEG. SIE ZU KENNEN UND ZU VERINNERLICHEN IST EIN WESENTLICHER SCHRITT.

AKZEPTANZ ALS ERSTE GRUNDHALTUNG

Bestimmte Grundhaltungen reinigen den Boden von Gestrüpp und Unkraut, sodass der Weg frei wird und Schritt für Schritt dein Trampelpfad entstehen kann, bis du schließlich an den Eingang zu deinem inneren Tempel gelangst.

Buddha erkannte, dass die Menschen aus zwei Gründen unglücklich sind: weil sie etwas haben möchten, das sie gerade nicht bekommen können, oder weil sie das ablehnen, was sie haben. Die Suche nach Glück in materiellen Dingen ist in unserer konsumorientierten Gesellschaft sehr verbreitet. Wir ertappen uns immer wieder dabei, dass wir auf der Jagd nach etwas sind, das wir nicht haben, wovon wir aber glauben, dass es uns glücklich macht, wenn wir es besitzen. Wir meinen, es haben zu müssen.

»Das Glück wohnt nicht im Besitz, das Glücksgefühl ist in der Seele zu Hause«, sagte einst der Naturphilosoph Demokrit. Wir neigen dazu, Berge an materiellen Dingen anzuhäufen, die wir nicht brauchen, nur um uns am Ende genauso leer zu fühlen wie vorher. Das Glücksgefühl, das wir empfinden, wenn wir uns etwas Schönes gegönnt haben, ist nur von kurzer Dauer, der Reiz verfliegt und schnell ist etwas Neues, das wir ebenfalls in unseren Besitz bringen wollen, in unser Blickfeld geraten und entfacht unsere Begierde aufs Neue. Es wird immer etwas geben, das wir nicht haben, und so ist die Suche nach Glück im Besitztum ein ewiger Kreislauf, der uns am Ende im wahrsten Sinne des Wortes leer ausgehen lässt.

Zufrieden sein mit dem, was man hat, sich an den kleinen Dingen des Alltags erfreuen und Dankbarkeit kultivieren – das macht nachhaltig glücklich.

Auch ich bin nun schon lange sesshaft und es hat sich für mich manchmal erschreckend viel Besitz angehäuft in den vielen Schränken und Kammern. In den Jahren, in denen ich allein gereist bin, hat mich nur ein kleiner Rucksack begleitet, mit dem absolut notwendigen Dingen wie ein paar Kleidungsstücken, Hygieneartikeln und ein paar wenigen persönlichen Dingen, mit denen ich mir mein jeweiliges Zuhause auf Zeit individuell verschönert habe. Mir hat in dieser Zeit absolut nichts gefehlt.

Genau zu wissen, was man hat, und sich nur um ein paar wenige Dinge kümmern zu müssen, macht frei.

Die Dinge so anzunehmen, wie sie sind, und zu akzeptieren, was jetzt gerade da ist, führt uns in eine neue Qualität der offenen Wahrnehmung. Diese Grundhaltung unterstützt uns darin, Widerstände und Begierden aufzulösen und eine neue Sicht auf uns selbst, andere Menschen, Situationen und das Leben überhaupt entstehen zu lassen.

Natürlich gilt es dabei wieder zu unterscheiden: zwischen den Situationen, die wir nicht ändern können, und denen, die wir durch unser beherztes Zutun vielleicht verbessern, aktiv gestalten und beeinflussen können.

NICHT-BEWERTEN ALS ZWEITE GRUNDHALTUNG

Wir haben die Tendenz, uns permanent mit anderen Menschen zu vergleichen. Unser Geist ist damit beschäftigt, andere zu begutachten, sie zu kritisieren oder zu bewundern. Dies führt dazu, dass wir entweder immer unsicherer und unzufriedener werden oder arrogant und überheblich auf andere reagieren. Dieses unschöne Verhalten entsteht meistens unbewusst und automatisch aus unserer subjektiv gefärbten Sicht, unsere Reaktionen bilden nicht die Realität ab. Wenn wir uns dessen bewusst sind und es schaffen, hier innerlich einen Schritt zurückzutreten, entsteht ein wertfreier und offener Raum, in dem wir Dinge und Menschen einfach in ihrem Sosein wahrnehmen können, ohne angenehm oder unangenehm berührt zu sein.

Ein Beispiel: Wenn du das nächste Mal mit jemandem sprichst, mit dem du generell Schwierigkeiten hast, weil du ihn oder sie als wortkarg, emotionslos und unnahbar erlebst, dann versuche, dieser Person wert- und vorurteilsfrei zu begegnen. Tu das, indem du dir alles, was sie sagt, anhörst, ohne es auf dich zu beziehen, es zu bewerten oder persönlich zu nehmen. Die Unfreundlichkeit einer anderen Person kann viele Ursachen haben, von denen du nichts ahnst. Du wirst überrascht sein, wie anders sich das Gespräch für dich anfühlt, wenn du versuchst, nicht zu bewerten. Vielleicht nimmt es sogar eine ungeahnte Wendung.

ABSICHTSLOSIGKEIT ALS DRITTE GRUNDHALTUNG

Vom »Handlungsmodus« in den »Seinsmodus« umzuschalten ist gar nicht so einfach. In der Regel steht hinter allem, was wir tun, eine Absicht. Wir treiben Sport, um eine gute Figur zu bekommen, wir kleiden uns, um schön auszusehen, und wir schlagen eine Richtung ein, um irgendwo anzukommen. Das führt dazu, dass wir uns gedanklich stets mehr in der Zukunft aufhalten, als einfach in der Gegenwart zu verweilen. Wenn wir erst mal genug Sport getrieben haben, werden wir schlank und glücklich sein. Wenn wir dann endlich in das schicke neue Kleid passen, werden wir alle Blicke auf uns ziehen. Und wenn wir den nächsten Karriereschritt geschafft haben, werden wir reich und sorglos sein. Auf die Art und Weise betrügen wir uns immer wieder um den Moment, der jetzt gerade da ist und erlebt werden will.

> Frag dich mal: Bist du wirklich wunschlos glücklich, wenn die angestrebten Dinge und Zustände erreicht sind?

In der Achtsamkeitspraxis üben wir zu gehen, um zu gehen. Zuzuhören, um zuzuhören. Zu kochen, um zu kochen. Da zu sein, um einfach da zu sein. Der Moment ist alles, was wir haben. Die Vergangenheit ist vergangen und die Zukunft immer ungewiss, egal, was wir planen.

PRAXIS

Kleine Alltagsübung

Bevor du weiterliest, bereite dir einen Tee zu und versuche dabei schon den eigentlich zielgerichteten Akt der Zubereitung bewusst und achtsam zu erleben. Lausche dem Blubbern des Wassers im Kocher, wähle die Teesorte intuitiv aus und genieße dann deinen Tee Schluck für Schluck mit geschlossenen Augen, spüre die Temperatur, erkunde den Geschmack und den Duft. Lass dir Zeit für jeden einzelnen Handgriff und jeden Schluck Tee.

GEDULD ALS VIERTE GRUNDHALTUNG

Es ist nicht leicht, etwas Neues zu etablieren, immer wieder verfallen wir in alte Gewohnheiten. In einer Gesellschaft, in der alles auf Zerstreuung und Konsum ausgerichtet ist, ist es schwer, innere Ruhe zu finden und Achtsamkeit zu kultivieren. Sich wochenlang in einen Tempel der Stille zurückziehen zu dürfen, sich aus allen Verpflichtungen und Beziehungen zu lösen, ist nicht jedem möglich. Daher ist es wichtig, dass wir einen Weg finden, der auch im Alltag funktioniert. Und diesen Weg gibt es.

Natürlich, es ist für uns heute sehr schwer, die Gedanken zur Ruhe zu bringen, und ganz normal, dass wir uns immer wieder dabei ertappen, dass wir Gedanken und Tagträumen folgen oder Zukunftspläne schmieden, anstatt im Moment zu verweilen und achtsam zu sein. Wann immer du die hier vorgestellten Techniken nach und nach in dein Leben holst: Verurteile und bewerte dich nicht, wenn dir bewusst wird, dass du gerade mal wieder nicht achtsam bist und dich in altvertrauten Gedankenspiralen verlierst. Immerhin hast du es bemerkt und das allein ist schon ein großer Fortschritt und der erste Schritt zur Achtsamkeit.

HINDERNISSE ÜBERWINDEN

ÜBUNG MACHT DIE MEISTERIN, DEN MEISTER. SO IST ES AUCH BEI DER ACHTSAMKEIT.

KLARHEIT ÜBER DAS, WAS STÖREN KANN

Die Übungen der formellen Achtsamkeitspraxis erscheinen auf den ersten Blick einfach. Es gibt klar anwendbare Handlungsanweisungen, die man für den Zeitraum der Übung befolgen kann. Wenn wir damit beginnen, merken wir allerdings schnell, dass es keineswegs leicht ist, den Geist darauf einzustimmen und ihn bei der Sache zu halten. Buddha beschreibt die fünf Hindernisse, die den klaren Blick trüben und uns daran hindern, die Dinge so zu sehen, wie sie wirklich sind:

- Wünsche, Verlangen und sinnliches Begehren
- Wut, Ablehnung und Übelwollen
- Stumpfheit, Trägheit und Müdigkeit
- Unruhe, Zerstreuung und Ängstlichkeit
- Skeptischer Zweifel

Buddha nutzt das Bild eines Sees, um zu beschreiben, in welcher Art sich die fünf Hindernisse bemerkbar machen und wie es ist, wenn wir sie durchlebt haben und die Dinge wieder in ihrem So-Sein sehen können. Wenn der See ruhig und glatt daliegt, kann man den Grund klar erkennen. Wut hingegen lässt das Wasser brodeln. Begehren trübt das Wasser wie Farbe. Stumpfheit erscheint wie Algen an der Oberfläche und macht sie schwer durchdringlich. Unruhe kräuselt wie Wind die Oberfläche des Sees. Zweifel sind wie schlammiges Wasser.

All diesen Herausforderungen im Laufe der formellen Achtsamkeitspraxis zu begegnen ist Teil der Übung. Es ist normal, wenn sie auftauchen, und gut, sich bewusst zu machen, dass man diese Erfahrungen mit allen Übenden teilt.

LEG DIR DEINEN WEG AN

Die Grundhaltungen der Achtsamkeit helfen dir dabei, die fünf Hindernisse zu überwinden, klar zu sehen und immer mehr in dir zu ruhen. Sie bereiten den Boden, auf dem dein Weg durch das kontinuierliche Üben der Achtsamkeitstechniken entstehen kann. Lass dich auf deinen individuellen Trampelpfad an das Tor zu deinem inneren Tempel führen. Patanjali, einer der ersten Yoga-Gelehrten, sagte: »Hindernisse können dann keine Wurzeln schlagen, wenn ein Mensch einen geeigneten Weg gefunden hat, Stabilität in seinem Geist zu entwickeln, und wenn er an diesem Weg festhält und sich bemüht, ihn zu gehen.«

DREI TRAMPELPFADE ZUM INNEREN TEMPEL

HIER FINDEST DU METHODEN, MIT DENEN DU DICH DEINEM INNEREN TEMPEL NÄHERN KANNST. JAHRTAUSENDE ALTE ACHTSAMKEITSTECHNIKEN WIE DIE FOKUSSIERUNG AUF DIE ATMUNG, MEDITATION UND YOGA GEHÖREN DAZU, GENAUSO WIE DAS ACHTSAME AUSFÜHREN VON GANZ ALLTÄGLICHEN TÄTIGKEITEN.

DEIN PFAD ENTSTEHT, WENN DU IHN GEHST

WIR MÜSSEN DARAUF VERTRAUEN, DASS DER WEG SCHRITT FÜR SCHRITT REALITÄT WIRD.

NEUE PFADE IM GEHIRN

Meditation, Yoga und Bodyscan, die Schwerpunkte dieses Kapitels, zählen zu den formellen Achtsamkeitstechniken. Sie sprechen den Geist auf verschiedene Art und Weise an. Du kannst sie dir als unterschiedliche Wege vorstellen, die dich an die gleiche Tür führen. Es ist gut, die verschiedenen Wege zu kennen und sie auszuprobieren, um herauszufinden, welcher Weg für dich am besten geeignet ist und in deinen Alltag passt.

Wir sind individuell geprägt und konditioniert, manche Menschen brauchen Bewegung, um sich zu spüren und zu sich zu kommen, andere müssen auch äußerlich zur Ruhe kommen, um innere Stille zu finden. Jede dieser formellen Methoden hat einen Fokus oder eine Reihe von Fokuspunkten, auf die die Aufmerksamkeit gerichtet wird. Der Fokus sorgt dafür, dass wir nicht vom Weg abkommen – es ist, als würden wir unseren Geist an die Leine nehmen. Doch auch wenn wir noch so fest entschlossen sind, mit der Aufmerksamkeit fokussiert zu bleiben, dauert es in der Regel nicht lange und die Gedanken schleichen sich zurück in unseren Geist und lenken ihn in eine andere Richtung.

> Zu Beginn bedeutet es viel Arbeit,
> sich in einem fremden Terrain
> durch das Gestrüpp
> einen Weg zu bahnen.
> Es braucht Mut und Entschlossenheit,
> neue Wege zu gehen.

Stell dir eine wild wuchernde Wiese vor. Um dir deinen Weg durch das hohe Gras zu bahnen, musst du deine Füße bewusst heben und die Grashalme nach unten treten. Zunächst einmal wird sich das Gras hinter dir wieder aufrichten und du wirst den Weg beim nächsten Mal nicht auf Anhieb wiederfinden, sondern musst dich wieder neu orientieren und ausrichten. Wenn du den gleichen Weg immer wieder gehst, entsteht Schritt für Schritt ein Trampelpfad, dein Weg, der schon von Weitem für dich sichtbar ist und den du nun immer leichter entlanggehen kannst.

Die Neurowissenschaft hat herausgefunden, dass es auch in unserem Gehirn Trampelpfade gibt. Je öfter wir die immer gleichen Gedanken in uns bewegen oder uns auf eine bestimmte Art und Weise verhalten, umso automatisierter laufen die dazugehörigen Prozesse in unserem Gehirn ab. Es entstehen Gedanken-Trampelpfade, die dafür sorgen, dass Gedankenschleifen immer leichter ihren Weg in unseren Geist finden und sich dort festsetzen.

Hast du Erfahrung mit besonders hartnäckigen Gedanken oder Gewohnheiten, die sich scheinbar automatisch immer wieder einstellen? Eine Gewohnheit, die mit einer gewissen Anhaftung automatisiert abläuft, können wir besonders leicht in dem Moment erkennen, wenn sie unerwartet wegfällt. Wenn du beispielsweise morgens wie immer deinen Kaffee kochen willst und bemerkst, dass keiner mehr da ist. Wie fühlst du dich in so einem Moment?

PRAKTIZIEREN UND DRANBLEIBEN

Die Neurowissenschaft, die die Funktionen unseres Nervensystems erforscht, bezeichnet die Synapsen-Verknüpfungen, die automatisiert ablaufen, als Autobahnen. Dort rasen die Informationen nur so entlang. Das klingt fast so, als wären wir unseren Verhaltensmustern und Gewohnheiten ausgeliefert, aber das sind wir nicht. Wir können bestehende Autobahnen nämlich durchaus stilllegen, wenn wir bemerken, dass uns die entsprechenden Gewohnheiten nicht guttun. Durch das Etablieren neuer Verhaltensweisen lassen wir neue Synapsen-Verbindungen in unserem Gehirn entstehen – wie einen Trampelpfad, den wir nach und nach zu einer angenehm breiten Straße ausbauen.

Genau das passiert durch die formelle Achtsamkeitspraxis. Zu Beginn braucht es Geduld und Disziplin, aber wenn du kontinuierlich übst, entwickelt sich Schritt für Schritt dein Weg, hin zu deinem inneren Tempel. Dabei ist es gar nicht so wichtig, wie viel Zeit du dir jeden Tag nimmst, sondern dass du sie dir nimmst. Dazu passt wieder eine Aussage des bereits erwähnten Patanjali: »Eine Übungspraxis wird nur dann Erfolge zeigen, wenn wir sie über einen langen Zeitraum ohne Unterbrechung beibehalten, wenn sie von Vertrauen in den Weg und von einem Interesse, das aus unserem Innern erwächst, getragen ist.«

Je länger du Achtsamkeit übst, umso klarer und deutlicher wird dein Trampelpfad für dich erkennbar und du kannst dich Schritt für Schritt auf deinem individuellen Weg, der aus deinem Inneren heraus entsteht, dem Tempel in dir nähern.

Meditation, die bewusste Fokussierung des Geistes auf die Atmung, Yoga und der Bodyscan sind Methoden, die inzwischen auch im westlichen Teil dieser Welt wissenschaftlich gut erforscht sind und ihre Wirksamkeit in unterschiedlichen Anwendungsbereichen praktisch beweisen. Nicht umsonst sind diese Techniken seit vielen Jahren von den Krankenkassen als Präventionsmaßnahmen im Bereich Stressbewältigung und Entspannung anerkannt. In der betrieblichen Gesundheitsförderung werden Achtsamkeitstraining und Yoga mit beachtlichem Erfolg in der Burn-out-Prävention angewendet.

Die formellen Achtsamkeitstechniken, die ich dir auf den nächsten Seiten vorstellen werde, holen dich auf unterschiedliche Art und Weise dort ab, wo du jetzt bist, und führen dich auf deinen individuellen Trampelpfad.

Dein innerer Tempel ist da.
Schenk dir die Zeit für deinen Weg
nach innen und finde einen Schatz
für dein Leben.

Du kannst darauf vertrauen, dass dich dein Trampelpfad zu dir bringt, an einen Ort, an dem du dich verbunden fühlst mit dir und der Welt, in deinen inneren Tempel, in dem du in dir ruhen und neue Kraft schöpfen kannst.

MEDITATION: DEM ATEM IN DIE STILLE FOLGEN

DER WAHRE KERN UNSERER EXISTENZ LIEGT UNTER DEN GEDANKEN. DIESE ESSENZ UNSERES DASEINS BERÜHRT DIE MEDITATION.

DEM AFFENGEIST IN DIR BEGEGNEN

Die ursprünglichste Form der Achtsamkeitspraxis ist die Meditation. Die zahllosen figürlichen Darstellungen des sitzenden Buddha symbolisieren die Verwirklichung eines vollständig erwachten Geistes, der in der Meditation versunken in sich ruht. Dieser tief entspannte und gleichmütig strahlende Gesichtsausdruck erscheint einem jedoch erst einmal unerreichbar, wenn man mit dem Meditieren beginnt.

Das Ziel von Meditation ist, den Geist zu beruhigen und zu kontrollieren. Doch je ruhiger es um uns herum wird, umso lauter und wilder machen sich unsere Gedanken, Ängste, Sorgen und Wünsche bemerkbar. Der wilde Affengeist in uns ist weit davon entfernt, ruhig zu sein. Er treibt sein Unwesen und reißt uns immer wieder aus der Stille. Ihn zu zähmen, erscheint uns zunächst unmöglich.

Doch probier es aus und lass dich darauf ein, die Sinne von der Außenwelt zurückzuziehen und Bekanntschaft mit dem Affengeist zu machen. Begrüße ihn wie einen Freund, du verbringst schließlich dein ganzes Leben mit ihm. Es lohnt sich, ihn als das zu erkennen, was er ist: ein Teil von dir.

Mit ziemlicher Sicherheit wirst du während der folgenden Übung Bekanntschaft mit deinem Affengeist machen und den Einfall der Gedanken in diesen wenigen Minuten öfter wahrnehmen, als dir lieb ist. Wie ein ungebetener Gast steht er immer wieder vor der Tür und es erscheint fast unmöglich, ihn abzuwimmeln. Anstatt den aufdringlichen Besucher abzuweisen, sollten wir uns Zeit für ihn nehmen und ihn uns vertraut machen, damit wir seine Charaktereigenschaften verstehen und angemessen damit umgehen können.

PRAXIS

Begegne deinem Affengeist

- Setz dich aufrecht hin oder leg dich bequem auf den Rücken.
- Schließ deine Augen, zieh die Sinne von der Außenwelt zurück und nimm deinen Atemstrom wahr. Nimm wahr, wie die Luft durch deine Nasenlöcher einströmt und dann ganz lang und fein wieder ausströmt. Fokussiere deine Aufmerksamkeit ganz auf deine Nasenlöcher und bleib bei der Wahrnehmung deines Atemstroms.
- Lass die Atmung dabei immer länger und feiner werden. Lass dir Zeit für jeden Atemzug.
- Jetzt öffne deine Wahrnehmung für die Temperatur des Luftstroms. Nimm wahr, wie die Atemluft kühl in deinen Körper einströmt und ihn dann warm wieder verlässt.
- Wann immer du während der Übung merkst, dass dich Gedanken ablenken, nimm sie wahr, ohne sie zu bewerten, und kehre zurück zu deiner Atmung.
- Führe diese Übung so lange durch, bis sich momentweise ein Gefühl der Ruhe und Entspannung einstellt und du bei deiner Atmung verweilen kannst.
- Vertiefe am Ende deine Atmung, öffne die Augen und komm zurück in den Raum, in dem du dich gerade befindest.

Warum ist es so wichtig, den Geist zu zähmen? Nun, alles beginnt in unseren Gedanken: Alles, was wir denken, erlebt unser Körper als wahr, so als würde es tatsächlich passieren. Unsere Gedanken werden zu unserer Realität. So steht es auch schon in der uralten jüdischen Schrift des Talmud.

> Achte auf deine Gedanken,
> denn sie werden zu Worten.
>
> Achte auf deine Worte, denn sie
> werden zu Handlungen.
>
> Achte auf deine Handlungen, denn sie
> werden zu Gewohnheiten.
>
> Achte auf deine Gewohnheiten, denn sie
> werden dein Charakter.
>
> Achte auf deinen Charakter, denn er
> wird dein Schicksal.

Unsere Gedanken sind oft wild und wirr und, wenn wir nicht aufpassen, die meiste Zeit negativ. Sie können sehr laut sein und das übertönen, was wir eigentlich wollen und sind: pures Sein. Wenn wir nicht achtsam sind, können negative und unbewusste Gedanken das Steuer in unserem Leben übernehmen, ohne dass wir es bemerken. Dann haben wir das Gefühl, unser Leben passiert uns. Wir lassen uns mitreißen vom

Strom der Gesellschaft oder anderen systemischen Erwartungen. Wir agieren nur noch aus Gewohnheit oder aus Pflichtgefühl. Wir sind nicht bewusst.

EINE VERABREDUNG MIT DEINEM INNEREN SELBST

Meditation wirkt nachweislich stressreduzierend, erhöhter Blutdruck wird gesenkt, Nervosität gelindert und die Fähigkeit, zu regenerieren, zu entspannen und tief zu schlafen, wird wiederhergestellt. Dies geschieht auf körperlicher Ebene, indem das vegetative Nervensystem in der Art trainiert wird, dass es schneller vom anregenden Sympathikus zum beruhigenden Parasympathikus beziehungsweise Vagus umstellen kann. In Stress auslösenden Situationen bedeutet das, dass wir den Reiz-Reaktions-Mechanismus leichter durchbrechen können, weil wir in der Meditation gelernt haben, den Weg in unseren inneren Tempel zu finden.

Meditation ist eine Praxis der Stille. In dieser Stille geben wir unserer Seele eine Chance, zu sprechen und gehört zu werden. Wir werden uns über unsere Lebensfragen und den Wert unseres Lebens bewusst. Wir finden Zugang zu unserem inneren Tempel und von dort aus können wir die Dinge so sehen, wie sie sind. Wir können im Einklang mit unserem inneren Selbst bewusst sein.

Es gibt also zahlreiche Gründe dafür, eine regelmäßige Meditationspraxis in den Alltag zu integrieren. Meditation kann wie ein tägliches Ritual vollzogen werden und unserem Alltag Struktur verleihen. Für viele kann sie auch als eine Art Rechtfertigung für eine kleine persönliche Auszeit dienen. In unserer Kultur sind keine Zeiten vorgesehen, in denen man sich gezielt von seiner Außenwelt und den familiären Verpflichtungen zurückziehen kann. Man muss sich bewusst einen Zeit-Raum einrichten und sich erlauben, diesen Raum ganz für sich allein nutzen zu dürfen. Das ist vergleichbar mit einem Mini-Aufenthalt in einem Tempel, einem Rückzugsraum, der jede Erreichbarkeit und alle sozialen Bezüge und Verpflichtungen außen vorlässt.

Mithilfe einer regelmäßigen Meditationspraxis kann das Leben wieder Sinn und Ausrichtung bekommen. In der Meditation können wir uns zentrieren, uns selbst wieder einholen, Gedanken und Bewertungen loslassen, um unser Tun dann mit wachem Bewusstsein und Ruhe in eine bestimmte Richtung klar auszurichten.

Nimm dir daher den Raum und die Zeit ganz für dich und du wirst merken, dass allein dieser Entschluss schon eine Wirkung auf dich hat, dich entspannen und zu dir kommen lässt. Wenn Familienmitglieder, Freunde oder Kollegen erst mal akzeptiert haben, dass es eine bestimmte Zeit am Tag gibt, in der du nur in einem echten Notfall gestört werden darfst, hast du dir einen Freiraum geschaffen, in dem du Abstand nehmen und die Dinge, Ereignisse, Umstände und Begebenheiten, die vor oder hinter dir liegen, aus einer gewissen inneren Distanz heraus mit zunehmender Gelassenheit betrachten kannst. Während dieser Verabredung mit dir selbst kannst du heimkehren und eintauchen in deinen inneren Tempel.

DIE DINGE SO SEHEN, WIE SIE SIND

Vipassana bedeutet Einsicht. In der Meditation bekommen wir Einsicht in die Wechselwirkung von körperlichen Empfindungen und geistigen Bewertungen und lernen, sie zu verstehen – mit dem Ziel, die Dinge so zu sehen, wie sie wirklich sind. Nicht so, wie wir befürchten, dass sie sein könnten, oder so, wie wir sie uns wünschen. Wir bekommen Einsicht in die Bewertungen unseres Geistes und die damit einhergehenden gedanklichen und emotionalen Bahnen, in die wir geraten und die sich dann zunehmend verselbstständigen und uns körperliches und auch seelisches Leid bringen. Wenn wir meditieren, lernen wir, die gedanklichen und emotionalen Spiralen zu unterbrechen, ihnen nicht zu folgen, sondern immer wieder zu unserer Atmung zurückzukehren.

Bei meinem ersten Vipassana-Retreat hatte ich zu Beginn Schwierigkeiten mit Schmerzen in Schultern und Nacken. Ich war angespannt und ängstlich, fragte mich, ob ich dem, was ich mir da selbst auferlegt hatte, gewachsen war. Diese Ängste hinderten mich daran, im Moment zu verweilen und die Dinge auf mich zukommen zu lassen, in einer offenen und nicht bewertenden Haltung. In der Meditation üben wir, innerlich einen Schritt zurückzutreten, den Schmerz zu bemerken und wahrzunehmen, ohne ihn zu bewerten oder ihm gedanklich mehr Aufmerksamkeit zu schenken. Wir lernen, dass der Schmerz kommt und auch wieder geht, so wie alles entsteht und wieder vergeht.

Vielleicht wird unsere Aufmerksamkeit von der schmerzenden Schulter hin zu einem Moskito gelenkt, das uns gerade ins Bein sticht. Die Aufmerksamkeit wandert und wir sind die stillen Beobachter. Je mehr wir lernen, uns von unseren bewertenden Gedanken und Emotionen, die in Verbindung mit körperlichen Empfindungen auftauchen, zu lösen, umso näher kommen wir dem gleichmütig in sich ruhenden und tief entspannten Buddha. Wir erkennen, dass die Schultern in dem Moment, in dem wir uns von unseren bewertenden Gedanken und Emotionen lösen, von ganz allein nach unten sinken.

Der gleichmäßige, immer präsente Fluss unserer Atmung ist der Kompass, der uns in unseren inneren Tempel führt, in dem wir Halt, Ruhe, Klarheit und Gleichmut finden. Von hier aus können wir den Lauf der Dinge erkennen und alle körperlichen und geistigen Bewegungen und Empfindungen als ein Kommen und Gehen wahrnehmen, dem wir uns einfach ausliefern und dem wir entspannt beiwohnen können. Wir bleiben bei uns, fest in uns verankert. Diese Erfahrung ist wunderschön, denn sie macht uns frei, sie macht uns bewusst, dass wir alles, was wir brauchen, in uns finden. Die Momente, in denen wir in dieser Erfahrung sind, weiten sich mit fortschreitender Meditationspraxis mehr und mehr aus. Die Meditation gibt dir die Möglichkeit, immer wieder zu dir zu kommen, in dir zu ruhen und den Spannungen und Problemen des Lebens gleichmütiger und ausgeglichener zu begegnen.

DEIN RAUM

Schon immer zogen sich die Yogis in Indien zum Meditieren an bestimmte Orte zurück. Mit Vorliebe suchten sie Höhlen in den Bergen auf, weitab vom Lärm und Treiben der menschlichen Gesellschaft, oder Orte in der Natur, die Kraft, Ruhe und Klarheit ausstrahlen, ein ruhiger Fluss, ein stiller, tiefer See oder ein alter, schützender Baum. Ein Meditierender sucht einen Platz, an dem er sicher sein kann, dass er ungestört bleibt und in Verbindung mit sich selbst kommen kann.

Auch du darfst dir erlauben, Zeit und Raum nur für dich zu beanspruchen. Such dir einen Ort des Rückzugs und der Stille in deinem Zuhause, den du für dich nutzen und gestalten kannst. Einen Raum, an dem du dir gestattest, ganz zu dir zu kommen und alle anderen Zuständigkeiten für eine bestimmte Zeit loszulassen.

Meditation ist durch Loslassen und völlige Passivität gekennzeichnet, aber du kannst dich aktiv darauf vorbereiten und dadurch das Hinübergleiten in einen meditativen Zustand begünstigen. Du kannst die äußeren Bedingungen so gestalten, dass du dir den Übergang vom Alltagsbewusstsein in eine andere Bewusstseinsebene erleichterst. Das können eine Duftlampe oder Räucherstäbchen sein, ein bestimmter Duft, mit dem du nach einer Weile ganz automatisch Entspannung und Zeit für dich assoziierst. Aromen wie Sandelholz, Rosenholz, Orangenblüte oder Lavendel wirken beruhigend und verströmen einen Duft, der es dir erleichtert, in dich und deine Innenwelt einzutauchen.

Umgib dich an deinem Rückzugsort nur mit wenigen Dingen, die dir etwas bedeuten und dich in deinem Vorhaben unterstützen. In erster Linie sollte der Raum Ruhe und Klarheit ausstrahlen. Bereite dir einen bequemen Platz zum Sitzen mit einer weichen Unterlage (eine Decke oder ein Schafsfell) und je nach Bedarf einem Meditationskissen oder einer Meditationsbank. Du solltest so bequem und stabil wie möglich sitzen können. Bei empfindlichen Knien benutze immer eine Sitzhilfe. Wenn es dir schwerfällt, frei aufrecht zu sitzen, kannst du natürlich auch auf einem Stuhl Platz nehmen oder auf dem Rücken liegend meditieren. Setz dich nicht unter Druck, akzeptiere die Grenzen, die dir dein Körper setzt, ohne sie zu bewerten, und entspann dich damit. Wähle die Position aus, die für dich am besten funktioniert, achte darauf, dass deine Wirbelsäule aufrecht und dein Brustkorb geöffnet ist, damit dein Atem frei fließen kann.

DEINE ZEIT

Jeder Mensch muss mit den vierundzwanzig Stunden auskommen, die der Tag zu bieten hat. Was in dieser Zeit alles Platz findet, ist vor allem eine Frage der Prioritäten und der Organisation. Wenn du dich entschieden hast, dir jeden Tag etwas Zeit für dich und deine Achtsamkeitspraxis zu nehmen, dann setz dieses Tun auf deiner Prioritätenliste ganz weit nach oben. Finde heraus, welcher Zeitraum für dich gut realisierbar ist. Fünfzehn bis zwanzig Minuten lassen sich fast jeden Tag für die Übungspraxis freihalten. Wenn du kein Morgenmuffel bist, ist der Tagesanbruch eine gute Zeit für dein formelles Achtsamkeitstraining. Die Zeit, bevor alle anderen aufstehen, gehört dann nur dir allein. Genieße die Ruhe und den Frieden des Morgens und das befriedigende Gefühl, schon etwas für dich getan zu haben, bevor die Alltagsaktivitäten beginnen. Vielleicht hast du einen sehr herausfordernden Alltag, sodass dir eine regelmäßige Übungspraxis am Abend guttut und dir hilft, den Tag loszulassen und wieder ganz zu dir zu kommen. Probier es aus und finde heraus, was für dich richtig ist und dir dabei hilft, Ruhe und Entspannung im Alltag zu finden.

> Der wahre Kern unserer Existenz
> liegt unter den Gedanken.
> Die Essenz unseres Daseins
> ist immer da und immer gleich,
> reines Bewusstsein.
> Diese Essenz zu berühren
> ist das Ziel von Meditation.

Wann immer es uns gelingt, in unseren inneren Tempel einzutauchen, können wir uns mit unserem Bewusstsein verbinden. Immer dann, wenn die Gedanken uns in Ruhe lassen und wir innere Stille und Frieden finden, fühlen wir uns verbunden, wir haben Vertrauen und empfinden uns als ein Teil vom großen Ganzen. Wir erkennen, dass wir diejenigen sind, die zulassen, dass die Gedanken unseren wahren Kern überdecken.

DU BIST NICHT, WAS DU DENKST

Diese Erkenntnis kann von großer Bedeutung für den weiteren Verlauf deines Lebens sein. Wenn du dich nicht mehr mit deinen Gedanken und den Geschichten, die dein Geist daraus spinnt, identifizierst, kommst du in Kontakt mit deinem reinen Bewusstsein.

Dein Bewusstsein ist wie der Grund eines tiefen, klaren Bergsees. Alles ist still und ruhig, von einer tiefgründigen Reinheit, absolut klar und friedlich. Der Grund des Bergsees bleibt immer gleich. Deine Gedanken sind wie Wolken, die vorüberziehen und sich in der Oberfläche des Sees spiegeln. Sie verdunkeln für einen Moment das Wasser, dann ziehen sie weiter und geben die Sonne wieder frei, die den See in hellem Türkis erstrahlen lässt. Verändert sich der See, nur weil eine Wolke vorüberzieht? So wie der See nicht die Regenwolke ist, die ihn vorübergehend verdunkelt, bist du nicht deine Gedanken. Sie kommen und gehen, wenn du sie das sein lässt, was sie sind, und dir der Essenz deines Daseins bewusst bist.

In der Achtsamkeitsmeditation üben wir den bewussten Umgang mit Gedanken, Empfindungen und Gefühlen. Das hilft uns dabei, zerstörerischen Gedanken im Alltag keine Macht mehr über unser Erleben zu geben. Wir lernen, unsere Gedanken als Beobachtende wahrzunehmen, und verstehen, dass wir es sind, die ihnen Macht über unser Leben geben oder nicht. Wir erkennen, dass wir entscheiden können, ob wir den Gedanken folgen oder nicht. Wir lernen, uns ein Stück weit von ihnen zu distanzieren, sie neutral zu beobachten und bewusst damit umzugehen.

Auch Gefühle und Körperempfindungen können uns vereinnahmen und unser Erleben prägen. Sie sind, genau wie unsere Gedanken, vorübergehend und konditioniert. In deinem inneren Tempel findest du die Ruhe und Gelassenheit, die Dinge kommen und gehen zu lassen, ohne sie zu bewerten oder dich mit ihnen zu identifizieren.

DEN LAUF DER DINGE ERKENNEN

In der Meditation nehmen wir uns die Zeit, unseren Umgang mit Gefühlen, Gedanken und Körperempfindungen kennenzulernen und zu beobachten. Dadurch bekommen wir wieder Zugang zu einer Wahrheit, die längst schon in uns ist. Die Essenz von Karma, das Gesetz von Ursache und Wirkung, besagt, dass alles, was geschieht, eine Ursache hat und jede Ursache eine Wirkung nach sich zieht. Die Erkenntnis, dass alle Ereignisse in unserem Leben, alle Gefühle, Gedanken und Empfindungen aus einem bestimmten Grund da sind und dass sie in ihrer Natur vergänglich sind, schenkt uns Einsicht in den Lauf der Dinge. Sie macht das Leben sehr viel leichter.

Im Folgenden gebe ich dir ein paar konkrete Meditationsanleitungen, die jeweils einen anderen Aspekt der Praxis in den Vordergrund stellen. Damit möchte ich dich mit den verschiedenen Empfindungen, die während einer Meditation auftauchen können, vertraut machen und dir den geeigneten Umgang damit aufzeigen. In der Meditation übst du, die Dinge kommen und gehen zu lassen, ohne dich mit ihnen zu verbinden oder zu identifizieren – mit dem Ziel, gleichmütig in dir zu ruhen. Der wesentliche Fokus, deine Atmung, bleibt dabei immer gleich und hält dich auf deinem Trampelpfad in Richtung innerer Tempel. Wie der große buddhistische Meister und Lehrer Thich Nhat Hanh in einem oft zitierten Ausspruch sagte: »Wie ein Anker ein Boot vor dem Abdriften bewahrt, sorgt die bewusste Atmung dafür, dass wir uns auf den Moment konzentrieren und unser wahres Selbst nicht aus den Augen verlieren.«

Nimm dir zu Beginn jeden Tag zehn Minuten Zeit für deine Meditationspraxis und wähle aus den folgenden Übungen diejenige aus, die dich gerade am meisten anspricht. Du kannst die Übungseinheiten dann langsam auf fünfzehn bis zwanzig Minuten steigern.

EMPFINDUNGEN KOMMEN UND GEHEN LASSEN

Meist wollen wir Angenehmes verstärken und Unangenehmes schnell wieder loswerden. In der Meditation üben wir, diesen Reaktionsmustern nicht nachzugeben, sondern die Empfindungen so neutral wie möglich zu beobachten. Dabei werden wir uns der Natur der Körperempfindungen bewusst. Sie sind, wie alles andere auch, vergänglich. Wir können beobachten, wie sie kommen und gehen, wenn wir unseren neutralen Beobachtungsposten nicht verlassen. Andernfalls tragen uns unsere bewertenden Gedanken und Gefühle davon.

Wenn wir in der Meditation üben, unsere Empfindungen einfach nur zu beobachten und mit ihnen zu verweilen, anstatt sie anders haben zu wollen, entsteht allmählich Raum für eine andere Sicht- und Erfahrungsweise. Dies zu üben wirkt sich auch positiv auf unseren Alltag aus. Wenn wir schwierige Situationen annehmen, anstatt unsere Energie darauf zu verwenden, sie abzulehnen oder durch Vermeidungsstrategien von uns fernzuhalten, setzen sich die üblichen Stressmechanismen nicht mehr so schnell in Gang.

PRAXIS
Empfindungen beobachten

- Setz dich aufrecht hin, sodass deine Atmung frei fließen kann. Schließ die Augen und zieh die Sinne von der Außenwelt zurück. Nimm nun wahr, wie sich mit jeder Einatmung deine Atemräume füllen und mit jeder Ausatmung wieder ganz leeren. Verweile mit der Aufmerksamkeit bei deiner Atmung und lass dir für jeden Atemzug Zeit.
- Tauchen Körperempfindungen auf – ein Kribbeln vielleicht, ein Drücken oder Zwicken –, nimm diese Empfindungen nur wahr, ohne sie zu bewerten. Tritt innerlich einen Schritt zurück und beobachte sie. Nimm wahr, wie sie kommen und gehen.
- Wenn du bemerkst, dass dein Geist anfängt, deine Empfindungen zu kommentieren, nimm den Gedanken kurz wahr, ohne ihm weitere Aufmerksamkeit zu schenken, und kehre gleich wieder zu deiner Atmung zurück.
- Nimm die nächste Körperempfindung wahr, die auftaucht, und beobachte wieder ihre vergängliche Natur. Nimm sie wahr, ohne zu bewerten. Es ist nicht wichtig, wie oft dein Geist abschweift und kommentiert oder bewertet, solange du es bemerkst und ihn immer wieder sanft, aber bestimmt zu deiner Atmung zurückführst.
- Beende die Übung mit drei tiefen und ganz bewussten Atemzügen. Öffne die Augen und komm zurück in den Raum, in dem du dich gerade befindest.

PRAXIS

Wie Wolken am Himmel

- Nimm eine bequeme, aufrechte und stabile Sitzposition ein und atme dreimal ganz lang und fein durch die Nase ein und aus. Mit jeder Ausatmung lässt du Anspannungen in deinem Körper los.
- Schließ deine Augen und bleib bei deiner ruhigen Atmung. Wenn Gedanken auftauchen, nimm sie wahr, ohne sie zu bewerten oder ihnen weiter zu folgen. Lass sie kommen und gehen und stelle sie dir dabei vor wie kleine weiße Wolken, die am Himmel vorüberziehen.
- Bleib bei deiner langen, ruhigen Atmung und erinnere dich jetzt ganz bewusst an eine unangenehme Situation, die du erlebt hast. Nimm wahr, welche Gedanken und Gefühle dazu auftauchen, und schau sie dir genau an, ohne sie zu bewerten und ohne dich in ihnen zu verlieren.
- Jetzt stell dir vor, dass die Gedanken und Gefühle in eine weiße Wolke eingehüllt werden und einfach davonschweben.
- Wenn die unangenehmen Gedanken und Gefühle erneut erscheinen, lass es zu. Nimm wahr, was passiert, ohne zu bewerten, hülle sie jedes Mal wieder sanft in eine weiße Wolke ein und lass sie ziehen.
- Lenk die Wahrnehmung nach einer Weile wieder zurück zu deiner Atmung, vertiefe sie und dann öffne deine Augen, beende die Übung und komm zurück in deinen Raum.

DER KOPF FÜLLT SICH VON ALLEIN MIT GEDANKEN

Gedanken werden immer und immer wieder kommen. Es liegt in der Natur unseres Geistes, zu denken, das können wir nicht ändern und natürlich sind Gedanken auch wichtig und hilfreich. Doch wir sind nicht unsere Gedanken, wir sind diejenigen, die entscheiden können, welchen Gedanken wir nicht mehr folgen wollen, weil sie uns nicht guttun. Gedanken sind keine Wahrheiten, sie sind lediglich Bestandteile unserer geistigen Landschaft.

Es gibt Phasen in unserem Leben oder einschneidende Erlebnisse, die emotional besonders stark besetzt sind und oftmals sehr aufdringliche und hartnäckige Gedankenschleifen nach sich ziehen, die unseren Alltag beschweren und sogar bestimmen können. Wir alle kennen Gedanken, die emotional so stark aufgeladen sind, dass wir es einfach nicht schaffen, sie nur zu beobachten. Sosehr wir uns auch bemühen, sie ziehen uns immer wieder in ihren Bann. Gelingt es uns jedoch, diese schwerwiegenden Gedanken als solche zu erkennen, bevor sie die Kontrolle übernehmen und uns in einen Gedankenstrudel ziehen, haben wir schon viel gewonnen.

Bei besonders hartnäckigen Gedanken üben wir in der traditionellen Achtsamkeitsmeditation, Abstand zu gewinnen, indem wir die Gedanken benennen und eine »mentale Notiz« machen. Dass es in unserem Leben immer mal wieder Dramen geben wird, können wir nicht ändern, diese Ereignisse kommen und gehen. Aber die Zeitspannen, in denen wir uns und unser Leben davon beherrschen lassen, können wir durch Achtsamkeit drastisch verkürzen.

> Wir können vieles nicht ändern, aber wir können wählen, wie wir darauf reagieren.

Je mehr wir unsere Achtsamkeit stärken, umso besser können wir unseren Reaktionsmechanismus durchbrechen und in unserem inneren Tempel eine bewusste Entscheidung treffen, wie wir mit diesen Gedanken umgehen wollen. Wenn wir in Zukunft destruktive, lähmende oder Stress auslösende Gedanken achtsam als solche wahrnehmen, können wir sie vorbeiziehen lassen, ohne uns mit ihnen zu identifizieren und uns in ihnen zu verlieren. Die Gedanken verlieren nach und nach ihre Macht über uns.

PRAXIS
Mentale Notizen

- Nimm eine bequeme, aufrechte und stabile Sitzposition ein und atme dreimal ganz lang und fein durch die Nase ein und aus. Lass alle Anspannungen in deinem Körper los.
- Schließ die Augen und konzentriere deine Aufmerksamkeit darauf, deinen Atem zu spüren. Wenn Gedanken auftauchen, bemerke sie, ohne sie zu bewerten, und kehre mit deiner Aufmerksamkeit wieder konsequent zurück zu deiner Atmung. Lass dir für jeden Atemzug Zeit.
- Wenn besonders hartnäckige Gedanken einfallen, die sich nicht sofort auflösen lassen, benenne sie innerlich mit einem Wort, zum Beispiel »denken« oder etwas differenzierter »planen«, »erinnern«, »befürchten« oder »Zweifel«. Diese mentalen Notizen helfen dir, etwas mehr Abstand zu deinen Gedanken zu gewinnen. Nachdem du die mentale Notiz gemacht hast, lenkst du deine Aufmerksamkeit sanft zurück zu deiner Atmung. Achte darauf, dass du deine Gedanken neutral und wertfrei benennst. Behandle sie nicht wie Feinde, denn sie haben eine Funktion und können sehr wertvoll und hilfreich sein. Wichtig ist nur, dass du ihnen nicht das Feld überlässt, sondern sie als das wahrnimmst, was sie sind: Gedanken.
- Beende die Übung mit ein paar tiefen, bewussten Atemzügen, öffne dann deine Augen und komm zurück in deinen Raum.

Hab Geduld. Die Gedanken zur Ruhe zu bringen ist vielleicht die schwerste Arbeit, die man machen kann. Im Buddhismus spricht man nicht umsonst vom »Affengeist«. Unser Geist kann so schnell hin und her springen wie ein wild gewordener Affe, der in den Bäumen herumtobt. Diesen Affengeist zu zähmen ist das Ziel der Meditation. Das bedeutet nicht, dass wir ihn ganz zur Ruhe bringen können. Es geht nicht darum, nichts zu denken, wir wollen Gedanken und Emotionen nicht blockieren. Aber wir können lernen, den Geist zu beobachten, uns mit unseren Gedanken und Emotionen anzufreunden und unsere Aufmerksamkeit bewusst zu steuern. So zähmen wir den Affengeist, machen ihn uns vertraut und können besser mit ihm und seiner Sprunghaftigkeit umgehen.

Mit der Aufmerksamkeit ganz bei der Atmung zu verweilen, egal was der Geist im Hintergrund treibt, ist ein Ziel von Meditation. Dieses Ziel ist nicht leicht zu erreichen, aber Schritt für Schritt können wir uns ihm annähern und werden auf dem Weg viele kleine Erfolgserlebnisse haben. Wenn du es schaffst, in deiner Meditation einige Momente Stille zu erfahren, bist du schon sehr weit auf deinem Trampelpfad zum inneren Tempel vorangekommen.

GEFÜHLE ALS WEGWEISER VERSTEHEN

Gefühle sind die Basis für so viele wichtige Entscheidungen, die wir in unserem Alltag treffen. Umso wichtiger ist es, dass wir uns der Natur unserer Gefühle bewusst werden und lernen, achtsam mit ihnen umzugehen. Gefühle sind Wegweiser, sie können uns dabei helfen, den eigenen Bedürfnissen auf die Spur zu kommen. Angst und Wut beispielsweise kann uns zeigen, dass wir überfordert oder unterfordert sind, dass wir unsere Grenzen besser wahren sollten oder einfach mehr Zeit für uns brauchen. Gefühle beeinflussen unsere Gedanken und Gedanken wiederum unsere Gefühle. Oft werden wir von beiden in die Vergangenheit oder Zukunft entführt, ohne dass wir es überhaupt bemerken. Dann übernehmen Zweifel, Sorgen und Grübeleien die Kontrolle. Sie sorgen dafür, dass Stresshormone ausgeschüttet werden und wir gereizt, ängstlich und verärgert auf unsere Mitmenschen reagieren, die uns eigentlich nichts Böses wollen. Es spielt also eine große Rolle, ob wir Zugang zu unseren Gefühlen haben oder ob wir sie verdrängen. Je mehr sie in unserem Unterbewusstsein wirken, umso stärker wird ihr Einfluss auf unsere Lebenswirklichkeit.

Ein Beispiel: Dir steht ein Gespräch bevor, das für dich emotional sehr aufgeladen ist. Die andere Person hat dich verletzt und du wünschst dir eine echte Klärung des Konflikts, hast aber Angst davor, mit deinen Gefühlen nicht verstanden und gesehen zu werden. In deinem Kopf findet das Gespräch schon Tage vorher statt, deine Ängste übernehmen das Steuer und in deiner Vorstellung entwickelt sich das Gespräch jedes Mal so, dass der Konflikt danach größer ist als vorher. Dein Geist spinnt eine Geschichte und die dazugehörigen Bilder etablieren sich in deinem Kopf. Du erlebst das Szenario der Auseinandersetzung, obwohl das Gespräch noch gar nicht stattfindet. Durch diese negativen Gefühle und Gedanken läufst du Gefahr, dich entsprechend negativ zu programmieren und verunsichert und ängstlich in das Gespräch zu gehen, anstatt die Dinge mit offenem Herzen und freiem Geist auf dich zukommen zu lassen. Du blockierst dich selbst und steuerst damit unbewusst das Gespräch in eine Richtung, in die du eigentlich gar nicht gehen willst.

Auch vergangene Ereignisse, die uns negativ berührt haben, können uns in unserem gegenwärtigen Erleben beeinflussen, indem wir die mit ihnen verbundenen Gedanken und Gefühle immer wieder in unser Bewusstsein zurückholen, sie gedanklich nähren und erneut durchleben, obwohl sie doch längst vergangen sind.

Mit zunehmender Achtsamkeitspraxis entwickeln wir die Fähigkeit, schwierige Gefühle zu erkennen, auch sie ganz bewusst wahrzunehmen und zu benennen. So lernen wir, mit Gefühlen zu verweilen, ohne uns mit ihren Inhalten zu identifizieren und ohne uns von ihnen einlullen und in eine ausgedachte Realität davontragen zu lassen. Wir erkennen sie als das, was sie sind: vorübergehend und konditioniert. Dabei ist es wichtig, dass wir ehrlich zu uns sind, denn nur wenn wir uns unseren negativen Gefühlen auch stellen und sie akzeptieren, anstatt sie zu vermeiden, können wir sie schließlich ganz loslassen und in Frieden mit dem Erlebten sein. Mit zunehmender Achtsamkeit verstehen wir, dass es nicht in unserer Macht liegt, welche Gefühle und Gedanken auftauchen, aber dass wir entscheiden können, wie wir damit umgehen und darauf reagieren.

PRAXIS

Gefühle benennen

- Nimm eine bequeme, aufrechte und stabile Sitzposition ein und atme dreimal ganz lang und fein durch die Nase ein und aus. Lass Anspannungen in deinem Körper los.
- Schließ die Augen und konzentriere deine Aufmerksamkeit darauf, deinen Atem zu spüren. Wenn Gedanken auftauchen, bemerke sie, ohne sie zu bewerten, und bring deine Aufmerksamkeit wieder konsequent zurück zu deiner Atmung. Lass dir für jeden Atemzug Zeit.
- Wenn du Gefühle wahrnimmst, bemerke sie, ohne zu bewerten, und richte deine Aufmerksamkeit bewusst darauf wie eine Taschenlampe. Frage dich: Wo genau in meinem Körper nehme ich dieses Gefühl wahr und wie ist dort mein Empfinden?
- Identifiziere das Gefühl und mach eine mentale Notiz, zum Beispiel »Überforderung«, »Trauer«, »Angst« oder vielleicht »Wut«. Wenn du das Gefühl spontan nicht benennen kannst, grübele nicht darüber nach, nimm es einfach an, ohne es zu bewerten. Sobald du bemerkst, dass dein Geist das Gefühl kommentiert oder eine Geschichte dazu entwickelt, lenk deine Aufmerksamkeit sanft, aber bestimmt zurück zu deiner Atmung. Mit einer langen Ausatmung lass Anspannungen los.
- Beende die Übung mit ein paar tiefen, bewussten Atemzügen. Öffne deine Augen und komm zurück in deinen Raum.

Wenn du mit dem Meditieren etwas vertrauter bist, wirst du bemerken, dass alle hier behandelten Aspekte – Körperempfindungen, Gedanken und Gefühle – während der Meditationspraxis erscheinen. Du erkennst, dass sie vorübergehend sind, und es wird dir immer leichter fallen, zu deiner Atmung zurückzukehren, unabhängig davon, welche Erscheinung gerade in den Vordergrund tritt. Die Atmung ist dein Kompass, der dich in die Stille des Moments zurückbringt. Sie führt dich in deinen inneren Tempel, an den Ort, wo du gleichmütig in dir ruhen und die Dinge beim Kommen und Gehen beobachten kannst, wie Wolken am Himmel.

DAS WUNDER DER ATMUNG

Mit einem Atemzug beginnt und endet unser Leben. Der Atem ist unser ständiger Begleiter, das Kraftwerk unseres Organismus. Er speist Blut, Stoffwechsel, Muskel- und Organfunktionen, angetrieben vom sogenannten autonomen Nervensystem. Im Schnitt atmen wir vierundzwanzigtausend Mal am Tag, je nachdem was wir tun, denken und fühlen. Die Inder sagen: Jedem Menschen ist nur eine bestimmte Anzahl von Atemzügen im Leben zubemessen. Es liegt an uns, wie wir damit umgehen, ob wir sie schnell vergeuden oder sie achtsam und ruhig in uns bewegen, den Atemstrom fließen lassen und uns dem Strom des Lebens anvertrauen. Wenn wir uns unserer Atmung bewusst werden und achtsam mit ihr sind, entsteht dadurch eine hohe Qualität unserer Atmung

MEDITATION: DEM ATEM IN DIE STILLE FOLGEN

und unseres Lebens. Atmen ist lebensnotwendig. Wer aufhört zu atmen, stirbt nach wenigen Minuten. Solange wir leben, ist unser Atem immer bei uns und begleitet uns in jedem Moment, unabhängig davon, was wir gerade erleben. Der Atem verbindet uns mit dem Lebendigsein, mit unserer Innenwelt und der Außenwelt. Wenn wir ganz bei unserer Atmung verweilen und alles andere loslassen, können wir tief in unsere Innenwelt eintauchen. Gleichzeitig sind wir verbunden und eins mit der Außenwelt. Wir sind Teil der Natur, atmen den Sauerstoff ein, den der Baum ausatmet. Unsere Lunge ist der »Lebensbaum« unseres Körpers. Sie liegt in unserem Brustkorb wie ein auf den Kopf gestellter Baum. Mit Nase und Mund, den Wurzeln des Baumes, atmen wir ein, am Kehlkopf öffnet sich der Kehldeckel, die Erdoberfläche, und die Luft strömt durch die Luftröhre, den Baumstamm, in die Lungen, die Baumkrone.

Der Stamm teilt sich in zwei dicke Hauptäste, in den rechten und linken Lungenflügel, auf. Die röhrenförmigen Bronchien verzweigen sich immer mehr in kleine Äste wie bei einem Baum. Die Luft gelangt bis zum Ende der Äste in die »Blätter des Baumes«, die traubenförmig angeordneten Lungenbläschen, und durchströmt so den ganzen Organismus mit Leben.

Gibt es etwas, das man einem Menschen an die Hand geben kann, damit er in seinem Leben besser zurechtkommt, ein Wundermittel, das ihm in schwierigen Situationen hilft, sich nicht zu verlieren in Ängsten oder Nöten? Etwas, das ihm einen tieferen Zugang zu seiner inneren Kraft und Verbundenheit mit dem großen Ganzen gibt? Ja, dieses Wunder ist schon da, in jedem von uns, es begleitet uns unser ganzes Leben: der Atem. Er ist ein lebensnotwendiger, physiologischer Vorgang, der fortwährend – also auch gerade jetzt in diesem Moment – immer bei dir ist. Über deine Atmung kannst du dich zu jeder Zeit, in jeder Situation mit dir verbinden und zu dir kommen. In der Meditation nimmst du dir bewusst die Zeit, dich mit deiner Atmung anzufreunden und vertraut zu machen. Wenn du mit deiner Meditationspraxis voranschreitest, wirst du verstehen, dass die bewusste Atmung dein Leben verändert.

MEDITATION ALS WERTVOLLE REFLEXION

In der Vipassana-Meditation versucht man nicht nur die Gedanken zu beruhigen und den Geist zu klären, sondern auch Einsichten in die tiefere Bedeutung des Daseins zu bekommen. Hierbei spielen die reflektiven Meditationen eine große Rolle. Die drei wichtigsten Reflexionsthemen im Buddhismus sind Vergänglichkeit, Dankbarkeit und Mitgefühl. Die reflektiven Meditationen können sehr hilfreich sein und deiner Praxis sowie deinem Leben mehr Tiefe geben.

VERGÄNGLICHKEIT

Im Satipatthana Sutta steht geschrieben, dass Buddha lehrte, wann immer man in seinem Leben mit dem Thema Tod konfrontiert würde, sollte man darüber meditieren – in der Art, dass man sich bewusst macht, dass Vergänglichkeit und Tod unausweichlich auch Teil unseres Lebens sind. Wenn wir bei einer gehenden Meditation im Tempel also einen toten Käfer vor uns auf dem Weg liegen sahen, vermittelten uns die Lehren des Buddha, darüber zu reflektieren: »Mein eigener Körper ist von derselben Natur, er wird genauso leblos daliegen und es gibt kein Entkommen vor dieser Wahrheit.«

Eine andere Herangehensweise, über das Thema Vergänglichkeit und Tod zu reflektieren, besteht darin, sich drei Fragen zu stellen:

- Ist der Tod sicher?
- Wann kommt der Tod?
- Was hat im Moment des Todes eine Bedeutung?

Es ist sehr hilfreich für unsere mentale Entwicklung, wenn wir uns der Tatsache bewusst werden, dass alles, was wir um uns herum sehen, vergänglich ist. Wir sind ein Teil der Natur und die Antwort auf die erste Frage ist: Ja, wenn es etwas in unserem Leben gibt, das vollkommen sicher ist, dann ist es die Tatsache, dass unser Leben vergänglich ist und dass wir sterben werden. Wir wissen nicht, wann das sein wird, es kann jederzeit passieren. Was bedeutet das für all die Pläne, die wir haben? Wir erkennen: Das Einzige, was wir haben und was wirklich mit Sicherheit passiert, ist der gegenwärtige Moment. Die Vergangenheit ist vorüber, die Zukunft ist ungewiss und noch nicht da. Je mehr wir die Pläne und Vorstellungen über unsere Zukunft loslassen, umso mehr kommen wir in den Moment.

Wenn wir uns mit der Frage beschäftigen, was in der Stunde unseres Todes wirklich zählt, wird uns bewusst, dass alle materiellen Güter, Statussymbole oder Karriereschritte am Ende nicht das sind, was zählt. Was vielmehr zählt, ist:

> Wie intensiv haben wir gelebt?
> Waren wir wach und präsent in den vielen
> Momenten unseres Lebens, haben wir sie
> bewusst erlebt? Haben wir geliebt?

Waren wir eine Bereicherung für andere Menschen? Haben wir uns getraut, auf unsere innere Stimme zu hören und ihr zu folgen? Und vor allem: Wie gut haben wir gelernt, loszulassen und uns dem Strom des Lebens hinzugeben? Auch wenn uns die Beschäftigung mit diesen Themenkomplexen im ersten Moment eher schwer und düster erscheint, so liegt darin eine große Chance, sich den Wert jedes einzelnen Moments und jeder Begegnung bewusst zu machen, achtsame und bewusste Entscheidungen zu treffen, in dem Wissen, dass nichts selbstverständlich ist und jeder Moment des Lebens eine Einladung an uns ist, das, was ist, dankbar anzunehmen und bewusst zu gestalten.

DANKBARKEIT

Unser Leben ist sehr zerbrechlich. Zu jeder Zeit können Krankheit, Krieg und Tod über uns kommen und alles, was uns zuvor so selbstverständlich erschien, infrage stellen. Wir können uns niemals sicher sein, was morgen, nächste Woche oder nächsten Monat passieren wird. Wir können den Moment, den wir jetzt gerade erleben, als unendlich großes Geschenk wahrnehmen, wenn uns bewusst wird, dass es nicht selbstverständlich ist, dass wir gerade jetzt frei sind von Krankheit, Krieg und Verlust durch Tod. Dass wir gerade jetzt ein Dach über dem Kopf und genug zu essen für uns und unsere Kinder haben.

Wenn wir oft genug in der Art und Weise reflektieren, wie großartig unsere Möglichkeiten sind, aus gerade diesem Moment das Beste zu machen, werden wir entdecken, dass die Phasen im Leben, in denen unsere Wahrnehmung betrübt ist und wir nur das Negative – das halb leere Glas – sehen, weniger werden. Mach dir bewusst, dass du kontinuierlich unterstützt wirst. Dein Körper arbeitet für dich. Das Blut wird durch deine Adern gepumpt, deine Atmung kommt und geht, ohne dass du etwas dafür tun musst. Mit jedem Atemzug sagt dir das Universum seine Unterstützung zu.

Fühlen wir uns beschenkt oder benachteiligt? Dankbarkeit für das zu etablieren, was da ist, das halb volle Glas zu sehen, in dem Bewusstsein, dass kein Tropfen in ihm selbstverständlich ist, führt unweigerlich dazu, dass wir mehr Glück und Zufriedenheit erfahren.

> Das Leben lebt dich, du darfst vertrauen und dich dem Wunder des Lebens und dem Lauf der Dinge dankbar hingeben.

MITGEFÜHL

Die Entwicklung von Mitgefühl ist das Herzstück des Buddhismus. Echtes Mitgefühl öffnet unser Herz und unseren Geist. Es überwindet unsere selbst gesetzten Schranken, innerhalb derer wir nur um uns selbst kreisen. Mitgefühl hat die Kraft, unser dualistisches Empfinden aufzulösen und uns in die Einheit, in ein Gefühl der tiefen und ganz selbstverständlichen Verbundenheit mit uns selbst und anderen zu führen. Wenn wir uns mit anderen Menschen und Tieren verbunden fühlen, lösen sich unsere Isolation, Entfremdung und Angst auf. Wenn wir mitfühlend sind, fühlen wir uns aufgehoben und glücklicher in der Gemeinschaft aller Lebewesen. Wenn wir den Schmerz und das Leid der anderen ernst nehmen, ihnen zuhören und von Herzen helfen wollen, verleiht uns das Stärke und Selbstvertrauen.

Wenn wir uns darin üben, Mitgefühl zu entwickeln, wird das Mitgefühl zu einer tiefgründigen Quelle des Glücks für uns selbst und für die Welt um uns herum.

SCHLEICHWEGE UND HINTERTÜRCHEN

Du wirst es kennen. Es gibt diese Tage, an denen wir einfach keine Lücke finden. Wir hasten von einem Termin zum nächsten, fühlen uns gehetzt und wissen doch ganz genau, dass eine Pause dringend nötig wäre. Aber der Abgabetermin einer wichtigen Arbeit, der Wasserrohrbruch in der Küche oder das kranke Kind sind einfach dringender und gehen vor. Damit du in deinem Alltag auch in solchen Zeiten bestehen kannst und dich nicht meilenweit von dir selbst entfernst, zeige ich dir hier noch ein paar kleine Schleichwege, die du nutzen kannst, wenn du einfach keine Zeit hast, deinen Trampelpfad zu deinem inneren Tempel auszubauen. Es sind Abkürzungen, die dir durch das Hintertürchen für einen Moment Einlass gewähren.

Die folgenden Minimeditationen kannst du von der Außenwelt unbemerkt ausführen, zu jeder Zeit an jedem Ort: im Büro, im Bus oder im Wartezimmer beim Arzt. Diese kleinen Alltagsmeditationen sollen dir das Gefühl geben, dass du deinen Tempel immer bei dir hast und mit wenigen Atemzügen deinen Schleichweg nach innen finden kannst. Bei der tiefen Bauchatmung verbindest du dich mit deiner Mitte. Mit jeder langen Ausatmung beruhigt sich das Nervensystem und mit der Einatmung findest du zu neuer Energie und Kraft.

PRAXIS

Den Atem in deine Mitte sinken lassen

Du benötigst nur wenige Atemzüge, um deine innere Mitte wiederzufinden. Richte dich aus deiner Mitte heraus auf und schließ deine Augen. Lenke die Wahrnehmung zu deiner Atmung und lass sie lang und fein ein- und ausströmen. Lass deinen Atem mit jeder Ausatmung behutsam tiefer in dich hineinsinken, bis du das Heben und Senken deiner Bauchdecke spürst. Wenn du möchtest, leg dabei eine Hand auf deinen Bauch. Verweile nach jeder Ausatmung einen Moment in deiner Mitte, deinem inneren Tempel. Vertiefe nach ein paar Momenten deine Einatmung, öffne die Augen und komm zurück in den Raum.

PRAXIS
Wurzeln schlagen

Ganz egal, wo du dich befindest, ob du am Schreibtisch sitzt, gehst oder stehst, nimm dir einen Moment Zeit für deine Füße. Halte inne, schließ deine Augen und lenk deine Wahrnehmung in die Fußsohlen. Nimm den Kontakt mit dem Boden wahr. Verlängere deine Atmung und stell dir vor, dass deine Ausatmung den Körper entlang bis in deine Füße strömt und von dort weiter in den Boden fließt und dich erdet. Bleib einen Moment in der Leere und dann lass die Atmung durch deine Füße aufwärts wieder einströmen. Entspann bei dieser Übung deine Fußsohlen, Fersen, Ballen und Zehen und spüre die Verbindung mit dem Boden. Den festen Boden unter unseren Füßen zu spüren, gibt uns Sicherheit, wir fühlen uns geerdet und der Geist wird ruhiger. Wir sind nicht allein, sondern stets verbunden mit etwas Größerem. In dem Bewusstsein, Teil des großen Ganzen zu sein, können sich akute Situationen relativieren und wir können sie besser in einen größeren Zusammenhang einordnen.

PRAXIS

Das Tor zur Seele

Wenn du Sorgen hast, viel nachdenkst und grübelst, sind Augen und Stirn verspannt. Schließ daher deine Augen und lenk deine Aufmerksamkeit auf den Raum zwischen deinen Augenbrauen. Hier befindet sich das Ajna-Chakra, es wird auch als drittes Auge oder als Auge der Intuition bezeichnet. Verlängere deine Ausatmung und lass hier ganz bewusst los. Lass die Atmung entspannt ein- und ausströmen und halte deinen Geist fokussiert. Der Fokus auf dein Ajna-Chakra entspannt die Muskulatur von Stirn und Augen und glättet die Denkerfalte. Lass mit jeder langen Ausatmung das krampfhafte Suchen nach Lösungen los und vertrau dich deinem inneren Wissen an.

In der hinduistischen Tradition symbolisiert das Ajna-Chakra das Tor zur Seele und schafft eine direkte Verbindung zu unserem Unterbewusstsein und unserer Intuition. Dein Blick wird wieder frei und klar und du findest die passenden Antworten in der Stille.

MEDITATION: DEM ATEM IN DIE STILLE FOLGEN

PRAXIS

Kurztrip in dein Paradies

Eigentlich bist du reif für die Insel, aber der nächste Urlaub scheint unerreichbar? Dann schließ deine Augen für eine kleine Fantasiereise. Mach es dir bequem und lass deine Atmung frei fließen. Entwickle ein inneres Bild von deinem eigenen Geist, das ihn als einen ruhigen und schönen Ort zeigt, zum Beispiel einen kristallklaren Bergsee, der still, glatt und ganz friedlich daliegt. Oder reise in Gedanken an einen Ort in der Natur, an den du dich besonders gern erinnerst, weil du dich dort lebendig gefühlt hast. Spüre die Luft auf deiner Haut, die Geräusche und Gerüche der Natur und lass dich auf den Wellen deiner Vorstellung treiben. Nimm das Bild und das damit verbundene Gefühl in dir auf und verweile hier für ein paar Atemzüge. Wenn sich ein Gefühl der Entspannung einstellt, vertiefe deine Einatmung und tauche wieder auf aus deinem Paradies.

PRAXIS

Dein innerer Tempel

Vielleicht ist beim Lesen dieses Buches schon ein Bild von deinem inneren Tempel vor deinem geistigen Auge entstanden. Wenn nicht, lass es so sein oder öffne dich dafür, in dieser kleinen Meditation ein Bild entstehen zu lassen. Schließ deine Augen, zieh deine Sinne von der Außenwelt zurück und vertrau dich dem Fluss deiner Atmung an. Lass sie frei ein- und ausströmen und lass dich mit jeder langen Ausatmung weiter nach innen sinken. Nimm das Gefühl der Entspannung, das sich nach und nach einstellt, wahr und beobachte, wohin es dich bringt. Vielleicht entsteht ein Raum, eine Form oder eine Farbe vor deinem geistigen Auge. Was auch immer da ist oder auch nicht da ist, lass es genau so sein, ohne zu bewerten, und entspann dich damit. Bleib in deinem inneren Raum, mach es dir hier bequem, schau dich um und versuche, deinen inneren Tempel intuitiv wahrzunehmen und zu begreifen. Wenn es dir schwerfällt, ein inneres Bild entstehen zu lassen, genieße einfach das Gefühl, hier zu sein. Verweile für einige Atemzüge und fühl dich in dir zu Hause.
In dem Wissen, dass du immer wieder hierhin zurückkehren kannst, vertiefe nach einer Zeit deine Einatmung, öffne deine Augen und kehre zurück in die Außenwelt.

TAG FÜR TAG EINFACH WEITERGEHEN

Es gibt Phasen, in denen du gut vorankommst auf deinem Meditations-Trampelpfad. Du kannst eintauchen in die Stille und dich sinken lassen bis auf den Grund. Hier empfindest du dich als Teil des Ganzen, kannst klar sehen und Kraft tanken. Und dann gibt es die anderen Zeiten, in denen du schon nach den ersten Schritten von deinem Trampelpfad abkommst, dich verläufst und verlierst im Gestrüpp deiner Gedanken. Lass dich nicht auf die Bewertung deines Geistes ein. Es ist nur ein Moment, vorübergehend und konditioniert. Dein Atem bringt dich schon im nächsten Moment zurück auf deinen Weg in die Stille. Dein innerer Tempel ist immer da. Dein Trampelpfad dorthin entsteht, indem du ihn gehst.

> Meditation führt dich
> auf direktem Weg nach innen,
> an den Ort, der unter
> den Gedanken liegt, zur Essenz
> deines Daseins.

YOGA:
DEIN WEG IN DIE EINHEIT

**WENN WIR YOGA ÜBEN,
BRINGEN WIR UNSERE INDIVIDUELLE
SCHWINGUNG MIT DEM RHYTHMUS
DES UNIVERSUMS IN EINKLANG.**

VORBEREITUNG AUF DIE MEDITATION

Nachdem ich schon an einigen traditionellen Vipassana-Retreats in Thailand teilgenommen hatte, hörte ich von einem Tempel hoch über dem Meer auf einer Insel im Süden von Thailand. Dort hatte die leitende Nonne zwei sehr erfahrene Meditationslehrer aus Australien gebeten, die Farangs (Thai für »Fremde«) in englischer Sprache zu unterrichten und ihnen die traditionelle Vipassana-Meditation so zu vermitteln, dass sie es gut verstehen können. Ich war neugierig und meldete mich für ein Retreat im Wat Kow Tham an. Zunächst schien hier alles genauso abzulaufen, wie ich es von den traditionellen Retreats kannte. Es gab jedoch einen zusätzlichen Talk, in dem die Meditationstechnik erklärt wurde, und es gab am Vormittag eine dreißigminütige Yoga-Einheit, was nach strengen Vipassana-Regeln eigentlich nicht erlaubt ist. Diese Yoga-Einheit sollte für mich den Unterschied machen und mich so tief in die Meditation führen, wie ich es vorher noch nicht erlebt hatte. Die sitzende Meditation war für mich nach wie vor eine große Herausforderung, die ersehnte Stille erschien mir oft unerreichbar oder stellte sich nur momentweise, nach einer gefühlten Ewigkeit in Gesellschaft der tobenden Affen in meinem Geist, ein. Ganz anders erlebte ich die sitzende Meditation nach der Yoga-Einheit.

Ich hatte zuvor noch nie Yoga geübt, doch die körperlichen Übungen, die Asanas, fielen mir auf Anhieb leicht, so als würde mein Körper sie schon lange kennen. Der Kampf in meinem Kopf, den ich zu Beginn jeder Meditationseinheit führte, um irgendwann endlich – mal mehr, mal weniger – zur Ruhe zu kommen, fiel weg. Nach den Yoga-Übungen konnte ich fast nahtlos eintauchen in den See der Stille und mich sanft treiben lassen, zumindest so lange, bis sich Körperempfindungen oder Gedanken durch die Hintertür wieder einschlichen. Es war ein deutlicher Unterschied, der meine Meditationspraxis verändert hat. Es war jetzt mehr Leichtigkeit in der Sitzhaltung und mehr Tiefe in der geistigen Stille spürbar.

EINTAUCHEN IN DAS GROSSE GANZE

Dem Bewusstsein, dass alles miteinander in Verbindung steht und dass wir ein Teil des großen Ganzen sind, können wir uns auch auf dem Yoga-Weg nähern. Nach einer guten Yoga-

Stunde können wir diese Verbindung, die Auflösung der Grenzen und das Aufgehobensein in uns und der Welt erleben und spüren. Im Sanskrit bedeutet Yoga: Einheit, Ganzheit und Harmonie. Damit ist nicht nur die Einheit von Körper, Geist und Seele gemeint, sondern auch die Einheit des individuellen Selbst mit der Weltenseele. *Atman* steht in der Yoga-Philosophie für die individuelle Seele, die ein Teil von *Brahman*, der Weltenseele, ist.

Die indogermanische Sprachwurzel von Atman ist im deutschen Wort »Atem« erkennbar. Im Yoga führt dein Atem deine Bewegung. Dein Geist kommt zur Ruhe und in Einklang mit dem Körper. Wenn du diese Verbindung spürst, eins wirst mit deiner Atmung und dich in deinen inneren Tempel sinken lassen kannst, ist es leicht und fast selbstverständlich, in eine Meditation überzugehen und einzutauchen in das Gefühl der Stille und der Einheit.

YOGA CHITTA VRITTI NIRODHA

»Yoga ist das Zur-Ruhe-Bringen der Gedanken im Geist.« Dieser Satz beschreibt zusammenfassend, was Yoga ist. Die Definition stammt von Patanjali, dem indischen Gelehrten, der das Yoga-Sutra, einen Leitfaden für den Yoga-Weg, bestehend aus 195 Sanskritversen, vor etwa zweitausend Jahren verfasste. Diese Schrift gilt als eine der ältesten Überlieferungen und ist bis heute eine der bedeutendsten und bekanntesten Yoga-Schriften.

In diesen Yoga-Sutras gab es erstaunlicherweise nur eine Asana, den Meditationssitz. Weitere Körperhaltungen tauchten erst Jahre später in den traditionellen Texten der Hatha Yoga Pradipika auf. Diese Übungen wurden nur mit einem Ziel entwickelt: Sie sollten den Körper reinigen, dehnen und kräftigen und ihn so optimal auf das lange Sitzen in der Meditation vorbereiten. Hatha Yoga, der körperliche Aspekt, ist im westlichen Teil dieser Welt seit vielen Jahrzehnten bekannt und erfreut sich immer mehr Beliebtheit. Hatha Yoga beschreibt aber eben nur einen kleinen Teil einer umfassenden Wissenschaft vom Leben, die am Ende die Meditation zum Ziel hat.

ACHT STUFEN AUF DEM YOGA-WEG

Yoga ist eine Wissenschaft vom Leben, die mit einer verblüffenden Klarheit die großen Fragen unserer Existenz beantwortet. Wer bin ich? Warum bin ich hier? Wie kann ich Leiden überwinden und ein glückliches Leben führen?

Ashtanga, der achtgliedrige Pfad des Yoga nach Patanjali, beschreibt den Yoga-Weg als systematische Anleitung für ein bewusstes Leben im Einklang mit sich selbst und der Umwelt. Er ist so zeitlos, dass er uns auch heute als Wegweiser zu einem erfüllenden Leben und einem erwachenden Geist inspirieren kann. Dabei geht es nicht darum, dass man systematisch die einzelnen Schritte abarbeitet. Es geht darum, das Leben von Moment zu Moment zu gestalten und die eigene Existenz in einem größeren Zusammenhang zu begreifen.

Die acht Stufen des Yoga nach Patanjali

- **Yama:** Die erste Stufe beschreibt die richtige innere Einstellung zu unserer Umwelt, den Menschen, anderen Lebewesen und unserer Umgebung.
- **Niyama:** Die zweite Stufe beschreibt die richtige innere Einstellung zu uns selbst.
- **Asana:** Die dritte Stufe vermittelt uns Körperbewusstsein und einen guten Umgang mit uns selbst.
- **Pranayama:** Die vierte Stufe führt uns durch Atemtechniken zu einer bewussten Atmung, die den Geist befriedet.
- **Pratyahara:** Die fünfte Stufe beschreibt das Zurückziehen der Sinne und das Zur-Ruhe-Kommen in uns selbst.
- **Dharana:** Die sechste Stufe beschreibt die klare Ausrichtung des Geistes in der Konzentration.
- **Dhyana:** Die siebte Stufe beschreibt das In-sich-Ruhen in der Meditation als Fortsetzung der Konzentration.
- **Samadhi:** Die achte Stufe beschreibt das höchste Ziel – reines Bewusstsein, das Verweilen in deinem inneren Tempel.

Die körperlichen Aspekte – Asanas (Körperhaltungen) und Pranayama (Atemübungen) –, die wir im Hatha Yoga üben, bilden die dritte und vierte Stufe und basieren darauf, dass wir uns zunächst unserer inneren Einstellungen bewusst werden. Sie sind die eigentlichen Wirkkräfte in unserem Unterbewusstsein und bestimmen darüber, wie wir uns unserem Umfeld und uns selbst gegenüber verhalten.

DEINE INNEREN EINSTELLUNGEN

Die Yamas und Nyamas sind Richtlinien für einen achtsamen und bewussten Lebenswandel. Die Beschäftigung mit diesen Richtlinien ist sehr wertvoll. Sie helfen dir dabei, deine inneren Einstellungen zu überprüfen und zu verstehen, was dich antreibt und was dich von einem glücklichen, sinnvollen und erfüllenden Leben trennt.

Die fünf Yamas

Die Yamas beziehen sich auf das äußere Handeln. Sie kannst du überall in deinem Alltag anwenden und üben. Überprüfe für dich, welche Yamas du in deinem Leben umsetzt und womit du vielleicht noch Schwierigkeiten hast. Frage dich beispielsweise: Wie gehe ich mit meinen Mitmenschen, anderen Lebewesen und der Natur um? Bin ich achtsam im Umgang mit Ressourcen? Mit ausgeprägten Yamas entwickelst du mehr innere Ruhe und Gelassenheit und kommst mit dir und deiner Umgebung in Einklang.

- **Ahimsa** bedeutet Gewaltlosigkeit und steht für dein überlegtes und behutsames Umgehen mit allen Lebewesen, mit Tieren und Pflanzen und kann eine vegetarische oder vegane Ernährung implizieren.
- **Satya** bedeutet Wahrhaftigkeit im Sinne von Ehrlichkeit, Aufrichtigkeit, Treue und Loyalität und steht für achtsame, authentische und ehrliche Kommunikation, eine wahrhaftige Haltung gegenüber dir selbst und anderen.
- **Asteya** bedeutet das Lösen von dem Wunsch nach Dingen, die dir nicht gehören.
- **Brahmacharya** bedeutet Mäßigung in all deinem Tun und steht für einen gemäßigten, reinen Lebenswandel.
- **Aparigraha** bedeutet Genügsamkeit und meint die Fähigkeit, dich auf das zu beschränken, was du wirklich brauchst.

Die fünf Nyamas

Die Nyamas geben Richtlinien für deine innere Ausrichtung. Sie unterstützen dich dabei, in einen besseren Kontakt mit dir selbst zu kommen, und fördern dein Selbstbewusstsein und deine Selbstachtung. Frage dich: Wie gehe ich mit mir selbst um und worauf richte ich häufig meine Energie?

- **Saucha** bedeutet Reinheit und meint eine gute Selbstfürsorge in Bezug auf deinen Körper, deinen Geist und deine direkte Umgebung.
- **Santosha** bedeutet Bescheidenheit und meint die Zufriedenheit mit dem, was da ist, die Wahrnehmung des halb vollen Glases.
- **Tapas** bedeutet das Lösen von Blockaden in deinem Körper und Geist durch einen disziplinierten Lebenswandel, beispielsweise durch das tägliche Üben von Asanas und Pranayama (Atemübungen).
- **Svadhyaya** steht für Selbsterforschung und meint das Überprüfen deiner eigenen Entwicklung durch Selbstreflexion und die Bemühung um kontinuierliche persönliche Weiterentwicklung.
- **Ishvara Pranidhana** bedeutet Hingabe im Sinne von Ehrfurcht und Vertrauen, Demut gegenüber einer höheren Kraft und das Annehmen der eigenen Begrenztheit.

Die Nyamas unterstützen dich dabei, deine inneren Qualitäten zu entwickeln. Darüber hinaus bieten sie dir eine Orientierung, deine Existenz besser einzuordnen und deine eigene Bedeutung im Kontext des großen Ganzen zu verstehen. Wenn du mit dir selbst gut umgehst, bist du im Frieden mit dir und kannst deine Energie auch in deiner Umgebung sinnvoll ausrichten.

Das Einüben einer yogischen Lebensführung im Einklang mit den Yamas und Nyamas belohnt uns mit einem guten Gewissen. Wir sind mit uns und unserer Umwelt im Reinen und fühlen uns zufrieden, zugehörig und entspannt.

DEINE HALTUNG ZUM LEBEN

Die nächste Stufe auf dem Yoga-Pfad zu deinem inneren Tempel sind die körperlichen Übungen, die du vielleicht schon mal in einem Yoga-Studio kennengelernt hast. Das reine Gewissen, dem wir uns durch das Bemühen um die Einhaltung der Yamas und Nyamas nähern, bildet nach Patanjali die Grundlage, auf der wir unsere Asana- und Pranayama-Praxis aufbauen können. Diese Übungen wurden entwickelt, um Energieblockaden zu lösen, Körper und Geist zu reinigen und auf die Meditation vorzubereiten.

Erinnerungen, Emotionen und Gewohnheiten lagern sich im Körper, in den Knochen, den Organen und im Gewebe ab und manifestieren sich dort als Blockaden, die durch die Körperübungen im Yoga gelöst werden können. Die Asanas haben eine spezielle Wirkung auf unseren Körper, die Organe, das Nervensystem und auf jede einzelne Zelle. Die Effekte einer regelmäßigen Yoga-Praxis werden im gesamten Körper wahrgenommen und gespeichert. So wird der Körper gereinigt und kann gleichzeitig neue Erfahrungen und Wirkungen abspeichern.

Neben der Vorbereitung auf die Meditation sind die Yoga-Übungen selbst bereits eine Form der Meditation. Während der Asanas konzentriert man sich ganz auf den Körper und die Atmung, der Gedankenfluss wird unterbrochen und man kommt fast automatisch an im Hier und Jetzt.

Der Atem führt die Bewegung.

Für Menschen, die innerlich sehr unruhig sind und Schwierigkeiten haben, körperlich und geistig zur Ruhe zu kommen, ist Yoga ein gutes Mittel, mehr Achtsamkeit zu entwickeln. Wer innerlich sehr bewegt ist, hat oft Schwierigkeiten, direkt mit der sitzenden Meditation zu beginnen. Yoga kann dann ein guter Weg sein, um über die Synchronisierung von Atmung und Bewegung in eine Art Flow zu kommen und so in die Ruhe zu finden. Durch die Koordination von Asana und Atem entsteht ein meditativer Fluss, der den Körper sanft mobilisiert und kräftigt und den Geist beruhigt.

Dabei führt der Atem die Bewegung und verbindet uns mit unserem individuellen Rhythmus. Nach und nach wird die Atmung dabei länger, feiner und gleichmäßiger und führt uns in einen entspannten Zustand und wir nähern uns unserem inneren Tempel.

ALIGNMENT

Neben der Konzentration auf die Atmung dient uns das sogenannte Alignment im Yoga als Fokus für den Geist. Unsere Körperhaltung ist ein Spiegel und zugleich Ausdruck unserer momentanen inneren Befindlichkeit und Haltung uns selbst und dem Leben gegenüber.

Alignment steht für die richtige anatomische Ausrichtung des Körpers in den Asanas. In den Yoga-Asanas wird insbesondere die Wirbelsäule in alle ihr anatomisch möglichen Richtungen bewegt, das macht sie wieder weich und geschmeidig.

Dabei werden Blockaden gelöst und die Muskeln rund um die Wirbelsäule gekräftigt. Systematisch richten wir unsere Wirbelsäule in der Yoga-Stunde aus der Körpermitte heraus auf, öffnen den Brustkorb und geben so der Atmung den Raum, den sie braucht, um frei fließen zu können und die Lungenflügel mit jeder Einatmung vollständig mit Sauerstoff und Prana (Lebensenergie) zu füllen und unsere Energiespeicher wieder aufzuladen.

Yoga lehrt uns, uns aufzurichten und wieder aufrecht durchs Leben zu gehen. Eine aufrechte äußere Körperhaltung beeinflusst auch die innere Haltung positiv. Wenn der Brustkorb geöffnet ist und wir körperlich aufrecht sind, sind wir wach, präsent und bereit, dem Leben in jedem Augenblick mit Achtsamkeit zu begegnen. Probier mal mit der folgenden Übung für ein paar Atemzüge aus, wie es sich anfühlt, aufrecht zu stehen oder zu sitzen – im Gegensatz zu einer gedrungenen und gebückten Körperhaltung.

Mit voller Achtsamkeit eine Yoga-Haltung einzunehmen, stärkt die Stabilität und Balance des Körpers und die Qualität unserer inneren Haltung. Von außen betrachtet sehen Yoga-Übungen oft statisch aus. Doch durch die präzise, nach innen gerichtete Wahrnehmung und detaillierte Muskelarbeit und stets sich justierende Ausrichtung entsteht dabei eine innere Dynamik, die die Kraft hat, uns in den Moment zu holen. Durch bewusst ausgeführte Bewegungen verfeinern wir unser Körperbewusstsein und können unsere persönlichen Grenzen erforschen. Dabei erkennen wir unbewusste Bewegungs- und Reaktionsmuster unseres Körpers und wie sie von unserem Geist gesteuert werden.

PRAXIS

Aufrichtung

- Nimm eine aufrechte Sitzposition ein und lenk deine Wahrnehmung in deine Sitzbeinhöcker. Spür die Verbindung deiner Sitzbeinhöcker zur Erde (über den Stuhl oder dein Kissen) und fühle dich fest verbunden, stabil, geerdet.
- Kipp dein Becken ein wenig nach vorn und nimm wahr, dass dein unterer Rücken länger wird.
- Aktiviere deine Körpermitte, indem du den Bauchnabel sanft in Richtung Wirbelsäule ziehst.
- Atme tief ein, heb dabei das Brustbein an und zieh den Scheitel deines Kopfes nach oben. Stell dir vor, du wirst dort an einem Faden sanft nach oben gezogen und gehalten.
- Mit der nächsten langen Ausatmung lass die Schultern nach hinten und unten sinken.
- Spür die Punkte deiner Aufrichtung: die Sitzbeinhöcker, die dich erden (wenn du stehst, erden dich deine Füße), und den Scheitel, deinen höchsten Punkt, der immer noch ein bisschen nach oben strebt. Zwischen diesen beiden Punkten spannt sich deine Wirbelsäule auf, aufrecht, im Lot. Deine Körpermitte bleibt aktiv.
- Entspanne bewusst dein Gesicht: Unterkiefer, Zunge, Augen, Stirn. Dein Kinn hältst du parallel zum Boden.
- Bleib für fünf lange, feine Atemzüge hier und spür deine Aufrichtung und deinen Atem, der in dieser aufrechten Haltung frei fließen kann.

YOGA: DEIN WEG IN DIE EINHEIT

- Spüre nun einmal den Unterschied: Löse deine Aufrichtung auf, indem du dein Becken nach hinten kippst. Deine Sitzbeinhöcker zeigen jetzt nach vorn, dein Brustbein sinkt nach unten, die Schultern fallen nach vorn, der Kopf folgt, dein Blick geht jetzt in Richtung Boden.
- Wie sind jetzt deine Präsenz und dein Atemfluss?
- Komm nach ein paar Atemzügen bewusst wieder zurück in deine Aufrichtung und atme frei und lang.

Im Yoga bringen wir uns immer wieder bewusst in eine aufrechte und stabile Körperposition, die uns Offenheit, Präsenz, Aufrichtung und Würde verleiht. Eine Haltung, die nach außen und nach innen strahlt. In der Aufrichtung kommen wir in unsere Kraft. Der Brustkorb ist geöffnet und mit jeder Einatmung füllen sich unsere Lungenflügel mit Prana. Wenn der Kopf gehoben und der Blick nach vorn gerichtet ist, können wir den Herausforderungen des Lebens mutig begegnen.

UMGANG MIT GRENZEN

Auch der achtsame Umgang mit unseren individuellen Grenzen ist ein wichtiges Lernziel im Yoga. Es geht darum, durch Achtsamkeit im jeweiligen Moment herauszufinden, wo unsere Grenze ist, sie zu akzeptieren, ohne sie zu bewerten, und uns damit zu entspannen. Auch wenn wir die Asanas unter der Anleitung eines versierten Yogalehrers lernen, so bleibt doch ein Teil der Verantwortung – insbesondere dafür, wie intensiv wir üben – immer bei uns. Niemand außer dir selbst kann entscheiden, welches Maß an Anstrengung gerade jetzt für dich richtig ist und welche Anspannungen du in diesem Moment loslassen kannst. Bist du dir dessen bewusst, kannst du deine Grenzen Stück für Stück erweitern. Du lernst, deinen eigenen Weg zu finden: das rechte Maß für dich, mit dem du dich weder überforderst noch unterforderst, sondern in einer annehmenden Haltung sanft an deine Grenzen herangehst und dich dann in der Asana mit jeder langen Ausatmung entspannst.

ATEMRÄUME UND ATEMPHASEN

Die Atmung ist auch in der Yoga-Praxis der wichtigste Fokus für unseren Geist. Sie bildet die Schnittstelle zwischen unserem Körper, unserer Seele und unserem Bewusstsein. Wenn wir uns die Zeit nehmen, uns mit unserer Atmung vertraut zu machen, können wir über die Atmung bewusst Einfluss nehmen auf unseren Geist und unser seelisches Empfinden. Der Atem reagiert sowohl auf unsere körperlichen Aktivitäten als auch auf unsere seelischen Befindlichkeiten. Wenn wir rennen oder Treppen steigen, geht unser Atem schneller. Sind wir aufgeregt, nervös, angespannt oder ängstlich, werden wir kurzatmig. Beruhigen wir uns wieder, folgt der Atem dieser Befindlichkeit und wird länger und tiefer.

Wenn du das nächste Mal in einer Situation bist, die dir Angst macht, beobachte deine Atmung ganz bewusst und genau. Du wirst feststellen, dass sich deine Ausatmung stark verkürzt und du schnell wieder einatmest, obwohl deine Atemräume noch nicht leer sind. Das führt dazu, dass du auch nur kurz einatmen kannst und dann schon wieder Luft ablassen musst. Dein Atemfluss wird immer schneller, kürzer und flacher und du wirst dabei immer ängstlicher und aufgeregter. Wenn du dir dieser Wechselwirkung bewusst bist, kannst du deine Ausatmung gezielt verlängern. Konzentriere dich darauf, so lange auszuatmen, bis deine Atemräume vollständig leer sind, erst dann lässt du die Atemluft langsam wieder einströmen. Innerhalb von wenigen Sekunden kannst du so deinen Geist beruhigen und deine innere Angst und Aufregung auflösen, zum Beispiel vor einer wichtigen Präsentation. Die lange, bewusste Atmung führt dich zurück in deinen inneren Tempel, in deine Ruhe und Klarheit. Von hier aus kannst du achtsam aus deiner Mitte heraus agieren und bist der Situation gewachsen.

Du bist bei dir und dann kann nichts schiefgehen.

Durch die achtsame Arbeit an und mit unserer Atmung erschließen wir uns in der Yoga-Praxis einen direkten Zugang zu unseren geistigen und psychischen Zuständen und können Einfluss darauf nehmen. Hierin liegt ein enormes Potenzial, unserem Leben in kleinen Alltagssituationen und auch in größeren Entscheidungsprozessen die Richtung zu geben, die wir uns wünschen. Wir müssen uns unseren seelischen Befindlichkeiten nicht mehr ausgeliefert fühlen, sondern wissen, dass wir den Zugang zu einer bewusst gelenkten Reaktionsentscheidung immer in uns tragen.

Wenn wir im Yoga die Asanas üben, bringen wir unsere körperlichen Bewegungen mit unserer Atmung in Einklang und stellen dadurch die Einheit zwischen Körper und Geist wieder her, die wir im Alltag so oft verlieren. Wir erreichen eine Art Flow, eine fließende, ganz selbstverständliche Verbindung zwischen Körper und Geist. Dabei ist das In-Einklang-Kommen durch die Bewegung genauso wichtig wie das statische Halten der Asanas. Der Körper kommt in den Asanas ganz zur Ruhe und wir legen den Fokus auf die lange, vollständige Atmung, die wir in all ihren Phasen bewusst durchlaufen, beobachten und wahrnehmen. Wir studieren unsere

Atmung und können das, was wir durch den langen, vollständigen Atemfluss erfahren, so verinnerlichen, dass wir auch in Alltagssituationen darauf zurückgreifen können.

Im Rahmen dieses Buches werden wir uns mit den beiden wesentlichen Aspekten der Atmung, die für die Entwicklung der Achtsamkeit beim Yoga eine Rolle spielen, beschäftigen:

- die Rückkehr zu einer vollständigen und tiefen Atmung, bei der alle Atemräume beteiligt sind,
- und die Synchronisierung von Atmung und Bewegung.

Beides kann unser Alltagsempfinden grundlegend verändern und führt uns ganz direkt zu mehr Gesundheit und Achtsamkeit. Wir kommen auf eine natürliche Weise in Kontakt und in Einklang mit uns selbst. Die meiste Zeit des Tages atmen wir völlig unbewusst, in der Regel viel zu flach und zu kurz. Das führt dazu, dass wir nur einen Bruchteil der Energie zur Verfügung haben, die wir eigentlich aufnehmen könnten. Wenn wir wieder lernen, lang und vollständig auszuatmen, sind wir entspannter, und gleichzeitig kommen wir durch die tiefe Einatmung in unsere Kraft und Lebendigkeit, denn mit jedem Atemzug nehmen wir Prana – Lebensenergie – in uns auf. Nimm dir daher die Zeit, deinen Atem und seinen Weg durch den Körper und die einzelnen Atemräume ganz bewusst wahrzunehmen. Im Yoga unterscheiden wir drei Atemräume. In den folgenden Übungen bist du eingeladen, diese Räume bewusst zu erfahren und zu erkunden.

PRAXIS

Die drei Atemräume entfalten

DER UNTERE ATEMRAUM: BAUCHRAUM

Um den unteren Atemraum wahrzunehmen und zu entfalten, leg deine Hände mit den Handflächen nach unten auf deinen Bauch. Deine Finger zeigen dabei in Richtung Leistengegend. Atme tief in den Bauch ein, nimm wahr, wie sich dein Bauchraum mit jeder Einatmung vollständig füllt und weit nach außen wölbt. Mit der langen Ausatmung nimm wahr, wie sich dein Bauchraum wieder ganz leert und sich die Bauchdecke zurückzieht. Bleib mit deiner Aufmerksamkeit ganz in deinem Bauchraum und versuch dabei, den Brustkorb so wenig wie möglich zu bewegen. Atme tief und vollständig, lass dir Zeit für jeden Atemzug.

DER MITTLERE ATEMRAUM: BRUSTRAUM

Leg deine Hände mit den Handflächen nach unten auf deinen unteren Rippenbereich, deine Finger zeigen dabei in Richtung Körpermitte (Solarplexus). Atme tief in die Rippenbögen ein, bis dein mittlerer Atemraum ganz gefüllt ist und dein Brustkorb sich hebt. Versuch dabei den Bauch wenig zu heben. Atme lang und vollständig aus. Bleib mit deiner Wahrnehmung ganz bei diesem Atemraum und lass dir Zeit für jeden Atemzug.

DER OBERE ATEMRAUM: SCHLÜSSELBEINE

Leg deine Hände mit den Handflächen nach unten auf deinen oberen Brustkorbbereich. Die Finger zeigen in Richtung Halsgrübchen zwischen den Schlüsselbeinen. Atme tief in deinen oberen Atemraum ein, bis dieser ganz gefüllt ist. Versuch dabei, die Bewegungen von Bauch und Rippenbögen gering zu halten. Atme lang und vollständig aus. Bleib mit deiner Wahrnehmung ganz beim oberen Atemraum und lass dir Zeit für jeden Atemzug.

DIE VOLLE YOGA-ATMUNG

Hierbei werden alle drei Atemräume miteinander verbunden, basierend auf deinem natürlichen Atem, der frei fließen darf. Die volle Yoga-Atmung ist nicht aktiv, sondern passiv, das bedeutet, dass du den Atem empfängst, ihn kommen und gehen lässt. Du lässt den Atemstrom lang und fein in deine Atemräume strömen, bis sie ganz gefüllt sind, und dann wieder ausströmen, bis sie ganz leer sind.

PRAXIS

Die volle Yoga-Atmung

- Leg dich auf den Rücken. Schließ deine Augen und leg eine Hand auf den Bauch, die andere auf den Brustkorb. Lass dir ein paar Atemzüge Zeit und verbinde dich mit deiner Atmung. Lass die Atemluft einströmen, bis alle Atemräume vollständig gefüllt sind. Mach dir dabei bewusst, dass du mit jeder tiefen Einatmung Sauerstoff und Prana in dich aufnehmen und in jede Zelle schicken kannst.
- Bleib einen Moment in der Fülle und lass die Atemluft dann ausströmen, bis alle Atemräume wieder ganz leer sind. Bleib einen Moment in der Leere, lass ganz los, bevor du die Atemluft wieder einströmen lässt. Nimm dabei den Weg der Atmung wahr, die ganze Länge der Einatmung und die ganze Länge der Ausatmung. Lass dir Zeit für jeden Atemzug.

DIE PAUSE ZWISCHEN »ETWAS«

Neben dem Ein- und dem Ausatmen werden im Yoga auch die Pausen als eigenständige Phasen beachtet, sodass sich der Atemprozess in vier Phasen aufteilt:

*Einatmen –
Atempause in der Atemfülle –
Ausatmen –
Atempause in der Atemleere.*

Nicht nur über die bewusste Wahrnehmung der Ein- und Ausatmung kommen wir im Yoga in die Achtsamkeit, auch den Atempausen kommt eine große Bedeutung zu. Auch der Weisheitslehrer Eckhart Tolle empfiehlt oft, auf die Pausen zu achten, auf die Lücke zwischen den Gedanken oder den Worten eines Gesprächs, auf den Raum zwischen den Tönen eines Musikstücks. Dort wird aus dem Bemerken von »etwas« reines Gewahrsein voller Frieden.

Wenn wir Pause machen, befinden wir uns zwischen zwei Tätigkeiten oder Zuständen. In der Pause sind wir nicht zielgerichtet, sondern ganz im Moment. Es gibt nichts zu bewirken, wir sind einfach da, um da zu sein.

Während meiner langjährigen Tätigkeit als Yoga-Lehrerin ist mir die bedeutende Rolle der Atempausen, besonders der Pause nach der Ausatmung, immer wieder aufs Neue eindrücklich bewusst geworden. Am Anfang jeder Yoga-Stunde, wenn wir mit der Asana-Praxis beginnen, ist es den meisten

Übenden noch nicht möglich, ganz loszulassen. Körper und Geist sind voll mit Tageseindrücken, Blockaden und Verspannungen. Mit jeder Asana und mit jedem bewussten langen Atemzug nähern wir uns dem Zustand der Entspannung. Blockaden werden gelöst, der Körper gedehnt und entspannt und der Geist kommt mehr und mehr zur Ruhe. Es ist beeindruckend zu sehen, wie sich vor allem die Atempausen im Verlauf einer Yoga-Stunde entwickeln und verändern. Die Atemzüge werden immer länger und feiner, subtiler und gleichmäßiger. Vor allem durch die Öffnung des Brustkorbs in den Asanas wird der Atemfluss befreit und kann leicht und frei ein- und ausströmen. Die Ausatmung verlängert sich, je mehr wir loslassen. Am Ende der Ausatmung, wenn die Atemräume ganz leer sind, liegt der Moment, in dem wir vollständig loslassen können. Und wie wohl auch schon Paracelsus gesagt haben soll: »Heilung entsteht in der Pause zwischen Aus- und Einatmung.«

Das Loslassen nach der Ausatmung ist eine essenzielle Übung für dein ganzes Leben. In der Pause nach der Ausatmung findest du das Tor zu deinem inneren Tempel.

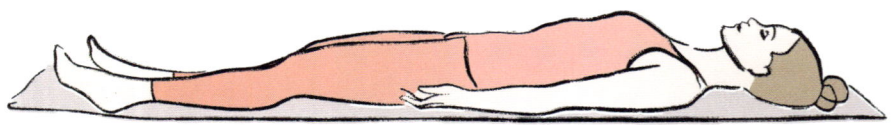

PRAXIS

Im inneren Tempel verweilen

- Leg dich auf den Rücken. Schließ deine Augen und lenk deine Aufmerksamkeit auf die Atmung. Atme fünfmal lang und ruhig ein und aus.
- Jetzt lenk deine ganze Aufmerksamkeit auf deine Ausatmung. Achte dabei darauf, dass dein Bauch entspannt ist. Lass die ganze Luft entweichen und versuch, dabei so passiv wie möglich zu werden. Lass los und lass dich vom Boden tragen.
- Nimm die Pause nach der Ausatmung bewusst wahr und lass dich in diese Lücke sinken. Bleib leer, solange das für dich angenehm ist, bis die Atemluft langsam wieder einströmt und die Atemräume erneut füllt.
- Hab Geduld, manchmal kann die Leere nach der Ausatmung beängstigend sein und es braucht etwas Zeit und Übung, bis du genug Vertrauen findest, dich dieser Leere auszuliefern und anzuvertrauen.

DER ATEM FÜHRT DIE BEWEGUNG

Neben der Wahrnehmung der Atemräume und Atemphasen ist das Zusammenspiel zwischen Atmung und Bewegung ein wichtiger Fokus im Yoga. Wir verbinden den Atem mit jeder

Bewegung und lassen zu, dass er dabei die Führung übernimmt. Die Bewegungen werden weich und anmutig, wie bei einem Tanz, bei dem wir uns ganz im Einklang mit uns selbst und der Musik befinden und jede Regung ganz selbstverständlich aus unserem Inneren entsteht und dadurch zum Ausdruck unseres wahren Selbst wird.

Den Atem mit der Bewegung in Einklang zu bringen, erhöht das Körperbewusstsein und die Empfindsamkeit. Wir werden intuitiver und empfänglicher. Durch die Synchronisierung von Atmung und Bewegung verschmelzen Körper und Geist zu einer Einheit, der Geist kommt zur Ruhe, die Aufmerksamkeit findet in der momentanen Bewegung Halt. Nach ein paar Runden Sonnengruß beispielsweise drückt sich diese Ruhe und Achtsamkeit durch die Bewegung aus, sie wird runder, weicher und fließender und folgt ganz automatisch dem Atemstrom. Die körperliche Bewegung führt uns in die geistige Ruhe.

Während wir zu Beginn einer Yoga-Stunde noch aktiv die Verbindung zwischen Atem und Bewegung suchen, entwickelt sie sich bald zu einer ganz natürlichen Einheit, die einfach da ist. Je länger wir Yoga üben, umso stärker spüren wir nicht nur die Körper-Geist-Einheit, sondern auch unsere Verbundenheit mit der Welt um uns herum: die Einheit von Atman und Brahman, der individuellen Seele und der Weltenseele.

YOGA: DEIN WEG IN DIE EINHEIT

PRAXIS
Arme heben und senken

- Stell dich aufrecht hin, die Füße sind hüftbreit geöffnet. Mit der Einatmung heb dein Brustbein an und lass die Schultern mit der Ausatmung nach hinten, unten sinken.
- Schließ die Augen und nimm deine Atmung wahr. Wenn es dir unangenehm ist, mit geschlossenen Augen zu üben, halte die Augen entspannt geöffnet.
- Mit deiner nächsten tiefen Einatmung führst du deine Arme gestreckt langsam und achtsam mit dem Atemstrom über den Kopf. Verweile hier einen Moment in der Fülle.
- Mit der langen Ausatmung lässt du deine Arme langsam und achtsam mit dem Atemstrom über die Seiten wieder nach unten sinken. Verweile einen Moment in der Leere.
- Übe so für fünf bis zehn lange Atemzüge. Lass den Atem deine Bewegung führen und lass dir Zeit für jeden Atemzug.

PRAXIS
Schulterbrücke

- Komm in die Rückenlage, setz die Füße hüftbreit am Boden auf, Arme nah am Körper, Schultern tief, Nacken lang.
- Einatmend roll deine Wirbelsäule Wirbel für Wirbel nach oben auf, nimm deine Arme gestreckt mit und führ sie hinter den Kopf. Bleib hier für einen tiefen Atemzug und nimm deine Atemräume wahr.
- Mit der nächsten Ausatmung roll die Wirbelsäule wieder Wirbel für Wirbel nach unten ab, nimm die Arme gestreckt mit und bring sie zum Boden zurück.
- Bring die Bewegung mit deiner Atmung in Einklang. Dein Atem führt. Lass die Atmung immer länger und feiner werden und deine Bewegung immer runder und weicher.
- Wiederhole die Übung fünfmal. Halte die Augen möglichst geschlossen und die Aufmerksamkeit nach innen gerichtet. Bleib ganz bei dir, vertrau dich dem Fluss der Atmung an.

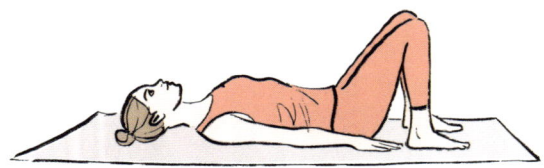

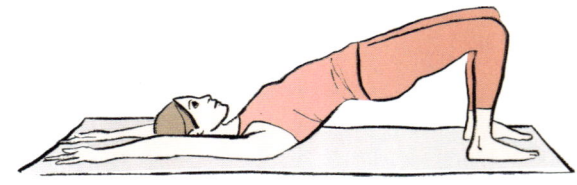

ALLVERBUNDEN IN DER PRAXIS

Du wirst bei den Übungen bemerken, dass deine Bewegungen zunächst etwas langsamer werden, weil du bewusst auf das Zusammenspiel von Atem und Bewegung achtest. Es geht allerdings nicht um Langsamkeit, sondern um Achtsamkeit. Eine bewusste Bewegung entsteht von innen heraus ganz natürlich, je mehr du deine Bewegung mit der Atmung synchronisierst und dich der Führung durch eine lange, feine Atmung hingibst, dem Atemstrom, dem Strom des Lebens.

> Deine individuelle Energie verbindet sich auf natürliche Weise mit der universellen Energie.

Yoga hilft dir dabei, diese Verbindung durch einen festen Übungsablauf ganz systematisch herzustellen. Wenn du Yoga lernst und übst, begleitet dich die bewusste Wahrnehmung deiner Atmung, das Durchströmen der Atemräume und das Innehalten in den Atempausen durch jede einzelne Haltung. Mit jeder Asana, die du übst, kommst du deinem natürlichen, tiefen, gleichmäßigem Atemfluss näher. Du kommst zurück zu dir, in deinen inneren Tempel, in die Einheit.

Alles, was du brauchst, ist eine Yogamatte und etwas Zeit und Raum für dich. Je länger du Yoga praktizierst, umso mehr wirst du merken, dass dich die lange, feine Yoga-Atmung auch außerhalb der Übungsstunden durch den Tag begleitet und dass du so mit mehr Energie, Präsenz und Gelassenheit durch dein Leben gehen kannst.

Wenn ich Yoga unterrichte, beginne ich oft mit den Worten: Eine Stunde Zeit nur für dich, du darfst alles andere loslassen, du musst nichts erreichen oder bewirken. Erlaube dir, ganz bei dir zu bleiben und dich von deiner Atmung sanft in deinen inneren Tempel führen zu lassen.

EIN GESCHENK FÜR DEIN LEBEN

In dem Moment, wenn du dich auf deine Yoga-Matte begibst, darfst du eintauchen in deine innere Welt, zur Ruhe und zu dir kommen. Yoga bringt dich in deine Mitte und hilft dir, diese Mitte auch in schwierigen Situationen nicht zu verlieren oder zumindest schnell wieder dorthin zurückzufinden.

Eine regelmäßige Yoga-Praxis gibt deinem Tag Struktur und belohnt dich mit dem guten Gefühl, etwas für dich zu tun, das dein Leben nachhaltig beeinflusst und dich auf den Weg zu dir bringt. Schon nach kurzer Zeit wirst du merken, dass die Dinge, die dich belasten, in dem Moment leichter werden, in dem du dich auf deine Matte legst, weil du weißt, dass dich der Yoga-Weg in deinen Tempel bringt, wo du dich mit deiner inneren Ruhe und Kraft verbinden kannst.

Bereits eine halbe Stunde Yoga trainiert nicht nur den Körper und steigert die Beweglichkeit, sondern bringt auch den gestressten Geist in eine wohltuende Ruhe. Während der Stunde und auch noch einige Zeit danach spüren wir nicht

nur die Entspannung des Körpers, sondern sehen die Welt mit ganz anderen Augen. Die Dinge, die uns zuvor emotional bewegt oder gestresst haben, bringen uns nicht mehr aus der Ruhe. Wir bleiben gleichmütig in unserer Mitte. Wir können uns besser und entspannter auf unseren Alltag einlassen und dem, was erledigt werden muss, fokussiert, konzentriert und lösungsorientiert begegnen. Yoga schafft es auf eine wundervolle und sanfte Weise, Körper und Geist zu vereinen und uns über die Synchronisierung von Atmung und Bewegung ganz natürlich in die Achtsamkeit zu führen.

Du kannst Yoga zu jeder Zeit und an jedem Ort üben. Alles, was du dafür brauchst, ist dein Entschluss, es zu tun. Yoga ist ein Geschenk für dein Leben und führt dich auf deinem Trampelpfad auf direktem Weg in deinen inneren Tempel.

BODYSCAN: BEI DIR ANKOMMEN

»DER KÖRPER IST DER ÜBERSETZER DER SEELE INS SICHTBARE«, SCHRIEB CHRISTIAN MORGENSTERN.

ÜBER DEN KÖRPER ZUM INNEREN TEMPEL

Mit dem Bodyscan kannst du in gewisser Weise erspüren, ob Christian Morgenstern recht hatte. Der Bodyscan bietet einen sehr guten und leichten Einstieg in die formelle Achtsamkeitspraxis. Du kannst ihn gut in deinen Alltag integrieren und schnell einen Trampelpfad in Richtung innerer Tempel anlegen. Er hat seine Wurzeln ebenfalls in der Vipassana-Tradition und wird auf den burmesisch-buddhistischen Lehrer U Ba Khin (1899-1971) zurückgeführt.

Der Bodyscan (auch Body-Sweeping genannt) folgt einem einfachen, klaren System, das leicht erlernbar ist und sich immer wiederholt, eine besondere Meditationsübung, die sich an Buddhas Betonung einer körperorientierten Bewusstheit orientiert. Wie in der Meditation ist auch beim Bodyscan das eigentliche Ziel die Einsicht. Es gilt, die unbewussten inneren Muster, die sich in unserem Körper spiegeln und die uns vom Glücklichsein abhalten, zu erkennen. Der bekannte Vipassana-Lehrer Satya Narayan Goenka hat dies sehr treffend formuliert: »Wenn wir das Unbewusste befreien wollen, müssen wir mit den Körperempfindungen arbeiten. Wenn wir die Empfindungen des Körpers vergessen, haben wir es bloß mit der Oberfläche des Geistes zu tun. Dann wird zwar diese Oberfläche befreit, aber die tiefgreifenden Konditionierungen aus der Vergangenheit bleiben davon unberührt. Nur im Unbewussten ist man an den Wurzeln des Geistes. Sobald diese Wurzeln gesund werden, wird zwangsläufig ebenso der Baum gesund werden« (wiedergegeben von Goenkas Assistenten William Hart in »Die Kunst des Lebens« von 2006).

Jedes äußere Ereignis erzeugt Empfindungen im Körper. Wenn wir lernen, diesen Empfindungen gegenüber gleichmütig zu bleiben, heilen unsere unbewussten Geisteswurzeln.

Die Erkenntnis, dass alles im Leben vorübergehend ist, können wir mit dem Bodyscan besonders gut verstehen und in uns verankern. Wir erfahren uns als achtsame, stille Beobachter, die sowohl die angenehmen als auch die unangenehmen Empfindungen mit gleichermaßen wohlwollender Hinwendung beobachten.

Im Bodyscan lernen wir, nicht automatisch auf alle möglichen Eindrücke zu reagieren, uns damit zu identifizieren oder uns davon überwältigen zu lassen. Dies kann uns in eine tiefe Entspannung führen.

Wenn wir den Bodyscan regelmäßig üben, erhöht sich die Sensibilität für die Signale unseres Körpers. Er schickt uns nämlich Botschaften, die uns darauf hinweisen, was uns fehlt und was wir brauchen. Wir lernen, diese Botschaften frühzeitig zu bemerken und zu verstehen und so Ungleichgewichte auszugleichen. Auf diese Weise lernen wir, gut für uns zu sorgen, denn wir schärfen unser Bewusstsein dafür, was uns wirklich guttut und was nicht.

> Alles ist im Wandel,
> jede Erfahrung entsteht
> und vergeht wieder.

Mit dem Bodyscan schulen wir auch die Konzentrationsfähigkeit. Die Konzentration ist die Vorstufe zur Meditation und hilft uns dabei, leichter und tiefer in einen meditativen Zustand zu gleiten. Wir reduzieren unsere automatisierten Reaktionsmuster und springen nicht gleich auf jeden Reiz an. Wir entwickeln Achtsamkeit und können den Reiz-Reaktions-Mechanismus besser durchbrechen und die Tür zu unserem inneren Tempel finden. Die urteilsfreie Wahrnehmung aller angenehmen und unangenehmen Empfindungen verleiht uns auf Dauer mehr Gleichmut und Gelassenheit.

ACHTSAMKEITSREISE DURCH DEN KÖRPER

Du kannst dir für den Bodyscan ganz bewusst Zeit nehmen und ihn zu Hause liegend durchführen. Du kannst den Bodyscan auch morgens im Bett, bevor du aufstehst, oder abends vor dem Einschlafen üben, wenn du Schwierigkeiten hast, loszulassen. Du kannst ihn aber auch zwischendurch, zum Beispiel am Arbeitsplatz im Sitzen anwenden, wenn du das Gefühl hast, dass du aus deiner Mitte gefallen bist und dringend Entspannung benötigst, um wieder zu dir zu kommen.

Nach und nach erspürst du dabei systematisch deinen ganzen Körper und akzeptierst alle Empfindungen, die auftauchen, ohne sie zu bewerten. Wie mit einem Scheinwerfer werden die einzelnen Körperregionen innerlich abgetastet und Licht in jeden Winkel des Körpers gebracht. Dabei ist das Ziel nicht in erster Linie, dass du dich entspannst, das kann geschehen oder auch nicht. Es geht vielmehr darum, Bewusstsein in jede Empfindung zu bringen, die du bemerkst. Dabei lernst du, jeden einzelnen Körperteil wohlwollend wahrzunehmen und mit seinen momentanen Empfindungen anzunehmen, ohne zu bewerten. Stück für Stück werden so Anspannungen gelöst und du kommst in Verbindung mit deinem ganzen Körper.

Wie in der Meditation auch ist es Teil der Übung, auftauchende Gedanken, Gefühle oder innere Bilder als solche zu erkennen, ohne sie zu bewerten, und dann unmittelbar wieder zur Körperwahrnehmung zurückzukehren.

Im Folgenden stelle ich dir eine verkürzte und vereinfachte Anleitung für einen Bodyscan vor, den du so jederzeit für dich durchführen kannst, wann und wo immer du das Gefühl hast, Entspannung zu benötigen.

PRAXIS

Der Bodyscan

Nimm dir fünfzehn bis zwanzig Minuten Zeit für dich. Wenn du an deinem Arbeitsplatz, in Bus oder Bahn sitzt, kannst du auch einen kurzen Fünf-Minuten-Bodyscan im Sitzen durchführen.

- Leg dich auf eine warme und weiche Unterlage auf den Rücken und suggeriere dir selbst: »Ich bleibe während der gesamten Übung wach und präsent.«
- Schließ deine Augen und zieh die Sinne von der Außenwelt zurück.
- Atme dreimal langsam und tief durch die Nase ein und lass die Atemluft lang und fein wieder durch die Nase ausströmen. Lass dir dabei so viel Zeit, wie du brauchst, bis alle Atemräume gefüllt sind. Dann atme so lange aus, bis alle Atemräume ganz leer sind. Lass dir Zeit für jeden Atemzug.
- Sobald du dich daran gewöhnt hast, auf diese Weise zu atmen, prüfe deine Körperhaltung. Richte deine Wirbelsäule gerade aus, zieh dein Kinn sanft in Richtung Brustkorb, löse alle Verspannungen in deinen Schultern, im Nacken und im Gesicht, Unterkiefer und Zunge sind entspannt.
- Nimm deinen ganzen Körper wahr.
- Jetzt beginnst du mit dem Bodyscan, indem du alle Körperteile nacheinander wahrnimmst und entspannst. Lenk

BODYSCAN: BEI DIR ANKOMMEN

deine Aufmerksamkeit zuerst in deine Zehen. Nimm deine Zehen wahr. Fühlen sie sich warm oder kalt an? Kannst du sie einzeln spüren? Lass dir ein paar Atemzüge Zeit und dann lass deine Zehen ganz bewusst los, verlängere dabei maximal deine Ausatmung.

- Nun richtest du deine Wahrnehmung in deine Füße und deine Fußgelenke. Nimm die Empfindungen in den Füßen bewusst wahr, ohne sie zu bewerten, und lass sie dann mit der verlängerten Ausatmung los.
- Wenn deine Zehen und Füße entspannt sind, erweiterst du die Übung in Aufwärtsrichtung und entspannst deine Waden, Knie und Oberschenkel.
- Nun entspanne deine Bauch- und Brustmuskulatur. Lass dir auch hier einige Atemzüge Zeit und halte die Aufmerksamkeit immer fokussiert in dem Körperbereich, um den es gerade geht.

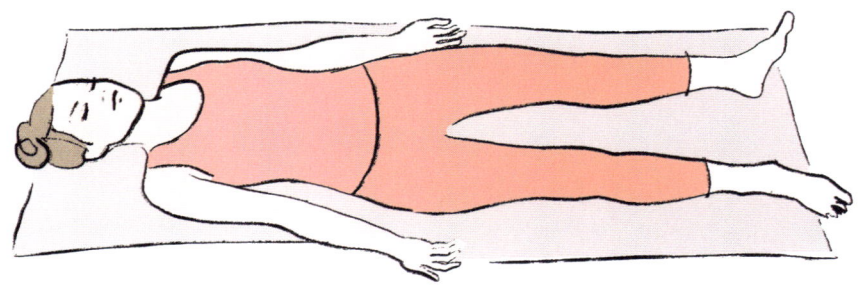

- Als Nächstes nimm deinen Rücken bewusst wahr und entspanne die Muskeln entlang der Wirbelsäule, vom unteren Rücken hinauf bis in die Schultern und den Nacken. Erinnere dich dabei immer wieder an die lange vollständige Ausatmung. Nur wenn du vollständig ausatmest, kannst du ganz loslassen. Spüre diesen Zusammenhang und halte deine Aufmerksamkeit bei der Wirbelsäule.
- Lenk deine Wahrnehmung in deine Finger, Hände, Unterarme, Oberarme. Nimm wahr, wie sie sich anfühlen. Verweile einen Moment mit deiner Wahrnehmung und lass dann mit der verlängerten Ausatmung los. Lass die Atemluft lang und fein ausströmen und erlaube dir, deine Finger, Hände und Arme vollständig zu entspannen.
- Schließlich lenkst du deine Wahrnehmung in deinen Kopf und dein Gesicht. Nimm deine Kopfhaut wahr, deine Gesichtsmuskeln, den Unterkiefer, die Zunge, die Augen, den Raum zwischen den Augen, die Stirn. Lass dein ganzes Gesicht los, verlängere deine Ausatmung maximal und bleib am Ende der Ausatmung einen Moment ganz leer. Lass los.
- Während du die Muskelentspannung auf deinen ganzen Körper ausdehnst, bemerkst du, dass dich Ruhe überkommt. Dass dich ein Wohlgefühl durchströmt und du dich mit deinem Körper auf eine ganz selbstverständliche und entspannte Art und Weise verbunden fühlst. An diesem Punkt geschieht es häufig, dass man schläfrig wird oder sogar einschläft. Manchmal benötigt man mehrere Versuche, bis man in der Lage ist, sich entspannt zu fühlen, ohne dabei einzuschlafen. Hab Geduld mit dir und lass allen Ehrgeiz los.

EINEN VORSATZ VERANKERN

In dem Moment, in dem wir ganz loslassen und tief entspannen und dabei trotzdem wach bleiben, erreichen wir den sogenannten Alphazustand. Das ist die Bezeichnung für einen bestimmten Gemütszustand irgendwo zwischen Tagesbewusstsein und Traum, in dem die Gehirnwellen relativ ruhig verlaufen. Manchmal erleben wir diesen besonderen Zustand, kurz bevor wir einschlafen. Wir haben das Gefühl zu fallen, wir sind dabei, ganz loszulassen. Im Wachbewusstsein befindet sich unser Gehirn im Arbeitsmodus, dem sogenannten Betazustand. Auch im Traumschlaf und im Tiefschlaf arbeitet unser Gehirn auf Hochtouren und verarbeitet das Erlebte. Im Alphazustand hingegen kommt der intellektuelle Geist zur Ruhe, aber die Präsenz bleibt wach. In der Meditation und in der Tiefenentspannung wird dieser Zustand vertieft und ausgedehnt. Im Yoga Nidra, einer besonderen Form der Tiefenentspannung, wird der Geist bis zu einer halben Stunde im Alphazustand gehalten, was eine heilsame Wirkung und einen Zugriff auf das Unterbewusstsein und die Kreativität ermöglicht. Im Alphazustand sehen wir klar, können uns ausrichten und Vorsätze in unserem Unterbewusstsein säen.

Sankalpa ist die Sanskrit-Bezeichnung dafür und bedeutet »Absicht«, »Entschluss«, »Wunsch«, »Vorsatz«. Wenn wir ganz zur Ruhe kommen und uns der Stille anvertrauen, sinkt unser Gewahrsein in einen tiefen unterbewussten Zustand, in dem wir klar sehen. Wir befinden uns in unserem inneren Tempel. Von hier aus können wir uns und unser Leben neu ausrichten und unsere Energie auf das lenken, was wir uns aus tiefstem

Herzen für unser Leben wünschen. Wir brauchen den Zugang zu unserem inneren Tempel, um das, was uns wirklich bewegt und glücklich macht, zu berühren und es in unserem Leben Wirklichkeit werden zu lassen.

> In der eigenen Absicht und Ausrichtung liegt eine ungeheure energetische Kraft.

Formuliere dir also am besten einen kurzen Satz, der die neue Qualität ausdrückt, die du in deinem Leben verwirklichen möchtest. Schreib dein Sankalpa auf. Du kannst es geistig wiederholen, wann immer du dich dem Tempel in dir näherst.

DER WEG ENTSTEHT, WENN DU IHN GEHST

Nimm dir am besten jeden Tag Zeit für deine formelle Achtsamkeitspraxis. Finde heraus, welche der hier vorgestellten Techniken dich am meisten berührt und zu dir kommen lässt. Es kann auch eine Kombination aus allen Techniken sein, indem du dich beispielsweise auf deine Yoga-Matte legst und mit einem kurzen Bodyscan zu dir findest, anschließend eine Asana-Sequenz übst und am Ende in einer sitzenden Meditation in deinem inneren Tempel verweilst. Du kannst morgens und abends einen Bodyscan üben oder im Bett liegend die volle Yoga-Atmung ganz bewusst ausführen und dabei eine Hand auf deinen Bauch und die andere auf deinen Brustkorb legen. Du kannst dir direkt nach dem Aufstehen Zeit für eine Morgenmeditation nehmen oder mit einigen Runden Sonnengruß deinen Energiefluss aktivieren und über die Synchronisierung von Atmung und Bewegung zu dir kommen. Du kannst deinen Tag mit einigen Asanas bewusst beenden, dich von der Hektik und den Erlebnissen des Tages lösen und in deine innere Stille heimkehren.

Wähle deine Zeit und deinen Trampelpfad. Lass ihn aus dir heraus entstehen – durch die kontinuierliche tägliche Praxis. Dabei ist es nicht so wichtig, wie viel Zeit du dir nimmst, du kannst klein anfangen: Zehn bis fünfzehn Minuten bringen dich bereits auf deinen Weg, wenn du dir ein festes Ritual, deine Zeit nur für dich zugestehst. Es ist Zeit für deine geistige Hygiene, die mindestens so wichtig ist wie das tägliche Zähneputzen. Vielleicht werden diese Minuten für dich bald die wichtigsten des Tages sein, weil sie eine nachhaltige Wirkung zeigen, dich in Kontakt mit deinem innersten Selbst bringen und du dann die restliche Zeit deines Tages lebendiger, wacher und achtsamer erlebst. Das Leben lebt nicht dich, sondern du lebst dein Leben.

Deine Yoga-Matte oder dein Meditationskissen ist dein persönlicher Alltagstempel, hier darfst du jeden Tag zur Ruhe kommen, eintauchen in deinen inneren Tempel, die Verbundenheit mit dir und der Welt spüren, um dann mit neuer Kraft und Klarheit dein Leben zu gestalten.

WEGBEGLEITER UND RITUALE

HAST DU DAS GEFÜHL,
DASS DAS LEBEN ÖFTER, ALS DIR LIEB IST,
AN DIR VORBEIZIEHT UND DU DIR SELBST
UND DEINEN BEDÜRFNISSEN HINTERHERLÄUFST?
DANN KANN ICH DIR IN DIESEM KAPITEL
EINIGE HILFEN FÜR DEN ALLTAG ANBIETEN,
DIE DICH INTENSIVER MIT DIR SELBST
VERBINDEN UND DEIN LEBEN SO TIEFER
ERFAHRBAR WERDEN LASSEN.

STEINE AM WEGRAND

**MANCHE MENSCHEN
SPÜREN DEN REGEN,
ANDERE WERDEN NUR NASS,
SAGTE BOB MARLEY EINMAL.**

ORTE ZUM VERWEILEN

Es könnte so einfach sein, den Alltag wach und in voller Achtsamkeit zu erleben. Stattdessen tendieren wir dazu, einen Teil unseres Lebens automatisiert und nach unseren etablierten (gesunden oder ungesunden) Gewohnheiten zu verbringen. Nur selten sehen wir die Dinge in einem größeren Zusammenhang oder aus unserem inneren Wissen heraus. Wir sind verstrickt in unsere Gedanken und Launen und in die immer gleichen Kompensationen. Viele Stunden am Tag sind wir damit beschäftigt, die Erwartungen, die andere oder wir selbst an uns haben, zu erfüllen, und verlieren dabei den Kontakt zu unserem inneren Tempel.

Würdest du dich manchmal gern einfach auf einen Stein am Wegrand setzen und dort warten? So lange, bis du dich selbst wieder eingeholt hast und wieder ganz bei dir angekommen bist? Wir brauchen Steine am Wegrand, die uns die Möglichkeit geben, innezuhalten, zu uns zurückzukommen und dann in einem guten Kontakt mit uns selbst weiter durch den Tag zu gehen. Diese Steine am Wegrand können etablierte Rituale und bewusst gewählte Alltagsbegleiter sein, die dein Lebensgefühl verändern, weil sie dafür sorgen, dass du nicht zu weit von deinem Trampelpfad abkommst und den Weg zu deinem inneren Tempel immer wieder findest – jeden Tag aufs Neue.

Im vorangegangenen Kapitel hast du die formellen Achtsamkeitstechniken kennengelernt. Du weißt jetzt, wie wichtig es ist, dass du dir Zeit für dich und deinen inneren Tempel nimmst. Du hast gelernt, dass es Techniken gibt, die du systematisch anwenden kannst, um deinen Trampelpfad zu diesem Tempel hin entstehen zu lassen.

JEDE GELEGENHEIT FÜR DIE ACHTSAMKEIT NUTZEN

Im informellen Achtsamkeitstraining kann jede Tätigkeit zu einer Gelegenheit werden, Achtsamkeit zu praktizieren. Damit kann eine direkte Auswirkung auf unser Erleben erfahren werden: Duschen, frühstücken, spazieren gehen, putzen, kochen, kommunizieren, mit den Kindern spielen – all das wird zu deiner Praxis. Das Wundervolle an der informellen Achtsamkeitspraxis ist, dass sie keine zusätzliche Zeit beansprucht. Alles, was wir brauchen, ist ein Wandel in unserem Bewusstsein.

Wenn du das nächste Mal unter der Dusche stehst, frag dich, mit wie viel Prozent deiner Aufmerksamkeit du gerade wirklich im Moment bist, das Wasser auf deiner Haut spürst, die Temperatur (warm oder kühl), die Konsistenz des Wassers (eher hart oder weich) und den Duft der Seife riechst. Und mit wie viel Prozent deiner Aufmerksamkeit du vielleicht schon beim Frühstück bist oder bei der Präsentation, die du in zwei Stunden halten sollst.

Du kannst jeden Moment in deinem Alltag nutzen, um dir bewusst zu machen, wo du jetzt gerade mit deiner Aufmerksamkeit bist. Schon in dem Moment, in dem du bemerkst, dass du gerade nicht achtsam warst, bist du zurück in der Achtsamkeit, denn du bist dir deiner Unachtsamkeit bewusst.

Das folgende Kapitel ist eine Einladung an dich, umzuschalten von einem mehr oder weniger automatisierten blinden Dasein in eine wache Präsenz – vom ersten Moment des Aufwachens am Morgen bis zum Abend, dem Ende eines erfüllenden, bewusst erlebten Tages.

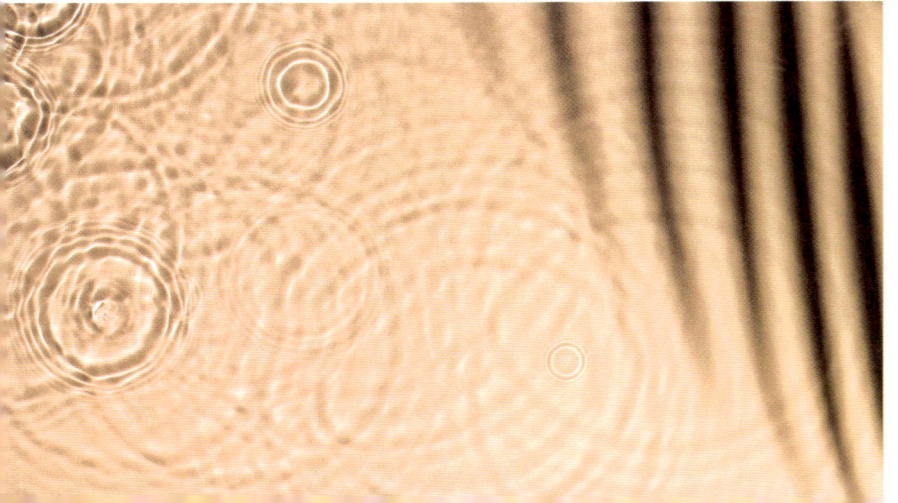

ACHT TEMPELWÄCHTER

DAMIT DU DEN KONTAKT ZU DEINEM
INNEREN TEMPEL NIE GANZ VERLIERST,
KANNST DU DIR TEMPELWÄCHTER
AN DIE SEITE STELLEN.

TEMPELWÄCHTER EINS:
NICHTSTUN I UND NICHTSTUN II

Alle Tempelwächter begleiten dich durch deinen Tag, sie stehen am Wegrand und erinnern dich daran, innezuhalten und dich selbst wieder einzuholen. Sie bewachen und beschützen den Tempel in dir und sorgen dafür, dass du dich nicht zu weit von deinem Trampelpfad entfernst.

»Jedem Anfang wohnt ein Zauber inne« heißt es in dem Gedicht »Stufen« von Hermann Hesse. Und tatsächlich liegt im Beginn jeder Handlung eine große Kraft. Der bewusste Beginn einer Tätigkeit ist ausschlaggebend für ihren Verlauf. Dinge bewusst zu beginnen und bewusst zu beenden ist eine Achtsamkeitsübung für den Alltag, die dich durch den ganzen Tag begleiten und dein tägliches Empfinden entscheidend verändern kann. Nimm dir daher Zeit für die Pausen, genau wie bei deiner Atmung. Damit gibst du dem, was du danach tust, mehr Gewicht – den Zauber eines neuen Anfangs – und wirst es mit mehr Präsenz und Achtsamkeit erleben.

In vielen großen Unternehmen gehört eine stille Minute vor dem Beginn eines Meetings inzwischen zur Tagesordnung. Das ist ein gutes Beispiel dafür, wie wichtig es ist, sich einen Moment zu sammeln, bevor man sich einer neuen Tätigkeit widmet. Wenn sich die Kolleginnen und Kollegen zu einer Teamsitzung verabreden, kommt jeder aus einer anderen Situation: Vorher war vielleicht ein wichtiges Telefonat, ein schwieriges Gespräch mit dem Vorgesetzten, ein Plausch in der Kaffeeküche oder das Ringen mit einer langen To-do-Liste. Eine vorangegangene Tätigkeit durch einen Moment der Stille und des Nichtstuns zu beenden und die neue Situation ebenso zu beginnen, birgt eine große Kraft.

Nutze die Kraft der Sammlung und Zentrierung.

Eine Minute des Schweigens miteinander zu teilen, bevor der Moderator das Meeting eröffnet, bringt alle Beteiligten in eine präsente und achtsame Grundhaltung. Das Meeting mit einer Schweigeminute zu beenden, hilft allen Beteiligten dabei, sich wieder zu sammeln für das, was als Nächstes ansteht. Ich nenne diese Übungen: Nichtstun I und Nichtstun II. Nichtstun I beschreibt das Sich-Ausrichten und Zentrieren vor dem Beginn einer Tätigkeit und Nichtstun II die Rückkehr in die Stille und den inneren Raum am Ende einer Tätigkeit. Diese beiden Übungen machen einen großen Unterschied.

Halte in deinem Alltag bewusst einen Moment inne, bevor du dich einer Tätigkeit mit deiner vollen Aufmerksamkeit zuwendest. Wenn du dir ein leckeres Essen zubereitet hast, dann geh für einen Moment in dich, schließ die Augen, nimm den Duft der Speisen in dich auf und bedanke dich bei der Natur für die Nahrung, die sie uns schenkt. Wenn du möchtest, kannst du auch ein kleines persönliches Gebet sprechen. Nach diesem Moment der Stille und der Andacht kannst du die Nahrung ganz anders genießen. Wenn du fertig bist, spring nicht gleich auf, um unbewusst in die nächste Tätigkeit zu fallen, sondern schenk dir wieder einen Moment der Sammlung.

So kannst du die Tempelwächter Nichtstun I und Nichtstun II über den ganzen Tag hinweg immer wieder einsetzen, um innezuhalten, bei dir zu bleiben und deine Wahrnehmung auszurichten. Probier es aus, du wirst überrascht sein, mit wie viel mehr Achtsamkeit und Präsenz du deinen Tag erlebst. Die Tempelwächter können dich in deinem Wunsch, mehr Achtsamkeit in deinem Alltag zu entwickeln, wie zwei gute Freunde begleiten und dir zur Seite stehen.

TEMPELWÄCHTER 2: ALIGNMENT

Genauso wie dich Nichtstun I und Nichtstun II den ganzen Tag begleiten können, ist auch das Alignment, das du bereits in Verbindung mit Yoga kennengelernt hast, ein wertvoller Tempelwächter. Erinnere dich im Laufe des Tages immer wieder daran, wie wichtig es für deine Atmung und deine Präsenz ist, aufrecht zu sein und wie sehr deine äußere Haltung deine innere Haltung zu dem, was du gerade tust, beeinflusst.

Lenk deine Wahrnehmung immer wieder zu deiner Wirbelsäule und nimm wahr, wie deine Haltung jetzt gerade ist, egal ob du stehst, gehst oder sitzt. In dem Moment, wo du wahrnimmst, dass du wieder in dich zusammengesunken bist, bist du zurück in der Achtsamkeit. Richte dich bewusst mit deiner nächsten tiefen Einatmung aus deiner Mitte heraus auf und spür die Veränderung, die damit einhergeht. Stell dir vor, jemand zieht dich an einem unsichtbaren Faden am höchsten Punkt des Schädels sanft nach oben. Bleib in deiner Aufrichtung und lass die Atmung frei strömen.

TEMPELWÄCHTER 3: DEIN LEBENSFREUND

Mach dir bewusst, dass dein Atem immer bei dir ist, vom ersten Moment deines Lebens bis zum letzten. Du hast auf deinem Trampelpfad schon gelernt, wie wichtig die Atmung als Fokus in der Meditation und der Yoga-Praxis ist. Sie ist ein weiterer Tempelwächter, ein Freund fürs Leben, und führt dich auf dem direkten Weg nach innen. Wann immer du merkst, dass du dich in Gedanken, Sorgen, Ängsten oder Wünschen verlierst, besinne dich auf deine Atmung und vertrau dich ihr an. Auch und gerade dann, wenn du dich in einer besonders schwierigen Situation befindest, wenn du verzweifelt bist und keinen Ausweg siehst: Schließ deine Augen, lass dich von deinem Lebensfreund an die Hand nehmen und führen.

Am Ende der Ausatmung liegt das Tor zu deinem inneren Tempel. Es ist immer da. Lass dich in die Pause nach der Ausatmung sinken, lass ganz los, lass dich fallen und du findest dich auf der anderen Seite wieder, in deinem Tempel.

TEMPELWÄCHTER 4: DEIN MORGENRITUAL

Morgenstund' hat Gold im Mund. Der Morgen hat eine eigene magische Energie und die Kraft, den Rest des Tages zu bestimmen. Wenn wir schon morgens gestresst aus dem Haus rennen und zwischendurch ein Croissant hinunterschlingen, während wir unsere Mails auf dem Smartphone checken, zieht sich das Gefühl, gehetzt zu sein, durch den weiteren Tag. Erobere dir deinen Morgen zurück: Kleine, achtsam erlebte Rituale und die Stille des Morgens können dem Tag eine andere Richtung geben. Sie helfen dir dabei, dich aus automatisierten Gewohnheiten zu befreien. Wenn du dir am Morgen Zeit für deinen inneren Tempel nimmst, richtest du dich aus und kannst im Laufe des Tages immer wieder auf dieses Gefühl zurückgreifen. Du stellst deinen inneren Kompass und gibst damit die Richtung vor, in die sich dein Tag weiterentwickelt.

PRAXIS

Morgenrituale

NICHTSTUN I

Bleib nach dem Aufwachen noch einen Moment lang liegen und verweile einige Minuten ganz bei dir und deiner Atmung. Du kannst dabei eine Hand auf deinen Bauch und die andere auf deinen Brustkorb legen, nimm hier die Atembewegung wahr und lass dir einatmend so viel Zeit, wie du brauchst, bis alle Atemräume gefüllt sind, und ausatmend, bis alle Atemräume wieder leer sind. Spüre die Pause nach deiner Ausatmung und lass dich tragen. Durch einen Mini-Bodyscan kannst du die Übung noch intensivieren. Richte deine Aufmerksamkeit nacheinander auf die verschiedenen Bereiche deines Körpers und taste ihn geistig mit deiner vollen Aufmerksamkeit ab.

DANKBARKEITSMEDITATION

Nutze den ersten Blick in den Spiegel am Morgen als Dankbarkeitsritual. Anstatt dich kritisch zu beäugen, begrüße dich selbst und den Tag und zähle fünf Dinge auf, für die du dankbar bist. Mach dir bewusst, wie beschenkt du bist, dass du diesen neuen Tag mit Leben füllen darfst.

DEIN DUSCHMOMENT

Die Zeit unter der Dusche gehört ganz dir, lass sie dir nicht von Gedanken, Sorgen und Plänen stehlen. Genieß das warme Wasser auf deiner Haut und den Duft des Shampoos. Vielleicht hast du einen Lieblingssong, den du in der Dusche summen möchtest. Bleib bei dir und bei dem, was du gerade tust.

MORGENMEDITATION UND YOGA

Dein Morgenritual wird den ganzen Tag nachhaltig in dir wirken, wenn du dir zehn bis fünfzehn Minuten Zeit für deine formelle Achtsamkeitspraxis nimmst. Der Morgen eignet sich besonders gut für eine kleine Meditation, weil der Geist noch ganz ruhig und klar ist von der Nacht. Aber auch eine Yoga-Sequenz hilft dir, den Tag mit Elan zu starten.

FRÜHSTÜCKSZEREMONIE

Bereite dir bewusst dein Frühstück zu. Wähle sorgsam aus, was du essen willst. Die Zubereitung kann zu einer kleinen Meditation werden, wenn du mit deiner vollen Aufmerksamkeit dabeibleibst. Bevor du mit dem Essen beginnst, schließ einen Moment deine Augen (Nichtstun I). Genieße und spüre dann jeden einzelnen Bissen in dem Bewusstsein, dass du dir neue Energie zuführst. Nimm den Geschmack wahr, die Temperatur, Konsistenz, den Duft der Nahrung. Bleib ganz bei dir und dem, was du tust – ohne Smartphone, Zeitung oder was sonst noch ablenken könnte. Am Ende der Mahlzeit schließ wieder einen Moment deine Augen (Nichtstun II).

Vielleicht sieht dein Morgen auch ganz anders aus, weil Kinder, Katzen und Hunde um dich herumspringen und versorgt werden wollen. Finde dein Zeitfenster, so wie es in deinen

Alltag passt. Vielleicht kannst du eine halbe Stunde vor allen anderen aufstehen oder du hast die Möglichkeit, dir etwas Zeit für dich zu nehmen, wenn alle versorgt und die Familie aus dem Haus ist. Möglicherweise fällt dein persönliches Morgenritual auch viel kürzer aus und du kannst dir abends etwas mehr Zeit lassen. Alles, was sich für dich stimmig anfühlt, ist richtig und gut. Etabliere dein Morgenritual und du wirst sehr schnell merken, dass du den Morgen anders erlebst und wacher, zufriedener und achtsamer in deinen Tag startest.

TEMPELWÄCHTER 5: ZWISCHENRÄUME

In der Bahn sitzen und aus dem Fenster schauen, an der Haltestelle auf den Bus warten oder mit der Matte über der Schulter zum Yoga-Studio laufen – immer dann, wenn wir uns irgendwo zwischen A und B befinden, meint es das Leben besonders gut mit uns, wenn wir diese Zeit als Geschenk begreifen. Dort, wo wir herkommen, waren wir aus einem bestimmten Grund, und auch an unserem Ziel verfolgen wir eine bestimmte Absicht. Die Zeit dazwischen ist frei und du kannst sie besonders gut nutzen, um einfach nur bei dir und bei dem, was du gerade tust, zu verweilen.

Nutze diese Zeit für eine kleine Meditation. Wenn du zu Fuß unterwegs bist, bleib einen Moment stehen, komm in deine Aufrichtung, lenk die Wahrnehmung in deine Fußsohlen und spüre den Kontakt mit dem Boden, die Gravitation, deine Erdverbundenheit. Dann beginne zu gehen, nimm wahr, wie deine Füße nacheinander den Boden berühren, deine Atmung gleichmäßig und vielleicht etwas schneller fließt. Bring deine Bewegung mit deiner Atmung in Einklang. Versuche aus dem zielgerichteten Handlungsmodus in den absichtslosen Seinsmodus umzuschalten. Nutze die Zwischenräume, die sich in deinem Alltag ergeben, wann immer du dich zwischen A und B befindest, um einzutauchen in deinen inneren Tempel und Ruhe und Kraft zu tanken.

TEMPELWÄCHTER 6: MUDRAS

In deinen Händen schlummert eine besondere Kraft, auf die du in jedem Moment deines Lebens zurückgreifen kannst. Mudras sind Handstellungen, die du aktiv als Tempelwächter einsetzen kannst. So kannst du dich zu jeder Zeit an jedem Ort mit deinem Innersten verbinden und ganz zu dir zurückkommen, wenn dich Gedankenschleifen oder Erwartungsdruck davontragen und aus deiner Mitte holen. In dem Moment, in dem du deine Hände zu einer bestimmten Mudra formst, bist du im Hier und Jetzt, du spürst dich und stellst eine Verbindung zwischen Körper und Geist her.

PRAXIS
Mudras

Ich möchte dir drei Mudras als Begleiter mit auf deinen Weg geben. Übe die Mudras in Stille und lenk dabei deine volle Aufmerksamkeit in deine Hände. Der Druck der Finger ist sanft und deine Hände, Arme und Schultern bleiben entspannt. Versuch, eine innere Haltung einzunehmen, bei der du eins mit der Mudra wirst. Es liegt in deinen Händen, die Kraft der Mudras zu nutzen – zunächst ganz für dich, später überall im Alltag.

CHIN MUDRA FÜR VERBUNDENHEIT UND VERTRAUEN

Die Fingerkuppen von Daumen und Zeigefinger werden zusammengeführt, die drei übrigen Finger bleiben entspannt gestreckt. Diese Geste symbolisiert die Verbindung zwischen deinem individuellen Bewusstsein (Zeigefinger) und dem universellen Bewusstsein (Daumen) und hilft dir dabei, in Kontakt mit deinem inneren Tempel zu kommen und das dualistische Empfinden aufzulösen. Fühl dich getragen und aufgehoben im großen Ganzen.

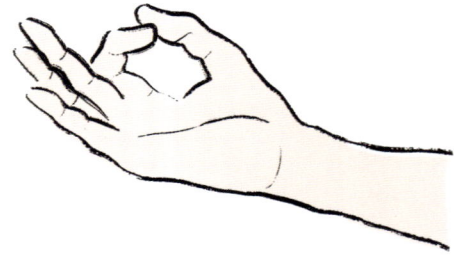

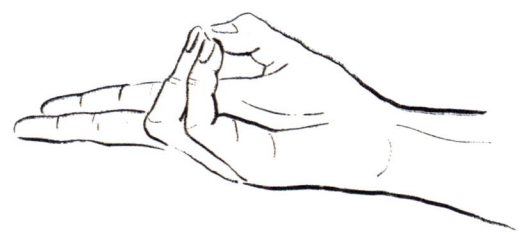

PRAN MUDRA FÜR STÄRKE UND SELBSTBEWUSSTSEIN

Die Fingerkuppen von Daumen, Ringfinger und kleinem Finger werden zusammengeführt. Zeige- und Mittelfinger bleiben entspannt gestreckt. Diese Mudra sorgt für Vitalität und Selbstbewusstsein. Nimm mit jeder Einatmung Prana, Kraft und Stärke in dich auf und lass Anspannungen und Angst mit der Ausatmung aus dir herausfließen.

HAKINI MUDRA FÜR ZENTRIERUNG UND KONZENTRATION

Spreiz deine Finger und leg alle Fingerkuppen deiner rechten Hand an die entsprechenden Fingerkuppen deiner linken Hand. Platziere deine Hände vor dem Brustraum. So wird die rechte mit der linken Gehirnhälfte verbunden und du kommst in deine Konzentration und kannst aus deiner Mitte heraus bewusst agieren.

TEMPELWÄCHTER 7: ANDERS ALS SONST

Automatisiertes und unbewusstes Handeln kann man gut durchbrechen, indem man bewusst etwas verändert. Probier aus, wie es sich anfühlt, wenn du ganz entgegen deinen Gewohnheiten fremden Menschen auf der Straße ein Lächeln schenkst oder dir einen Moment Zeit für ein Gespräch mit dem Zeitungsverkäufer an der Ecke nimmst. Lass einen anderen Autofahrer vorbei, anstatt wie sonst zu hupen und zu schimpfen. Stell dein Auto an einer anderen Stelle ab oder steig eine Haltestelle früher aus, um den Rest des Weges zu Fuß zurückzulegen. Besuch die alte Nachbarin und biete ihr deine Hilfe an. Geh einmal in der Woche mit einem Hund aus dem Tierheim spazieren. Bepflanze einen Blumenkasten, stell ihn auf dein Fensterbrett und nimm dir jeden Tag Zeit, die Pflanzen zu pflegen und zu beobachten, oder setz dich im Sommer auf eine Blumenwiese und schau dir die vielfältigen Insekten genau an.

Wir können vom Autopiloten umschalten auf waches Gewahrsein, wenn wir unsere unbewussten Verhaltensmuster fallen lassen. Such dir ein kleines Projekt und probier aus, wie es sich für dich anfühlt, dich neu zu erfinden und dich in einer Situation ganz anders zu verhalten, als du es gewohnt bist. Du kannst deine Verhaltensmuster neu programmieren und so mit mehr Aufmerksamkeit für dich, deine Mitmenschen und deine Umwelt durchs Leben gehen.

TEMPELWÄCHTER 8: DEIN TEMPELWÄCHTER

Such dir einen persönlichen Tempelwächter, der dich von nun an jeden Tag begleitet. Das kann ein Schmuckstück sein, eine Kette oder ein Armband, das du jeden Morgen ganz bewusst anlegst, damit du deinen Tempelwächter bei dir hast. Das kann auch ein inspirierendes Bild von einer Landschaft sein, mit der du ein Gefühl der Entspannung verbindest. Vielleicht eine besondere Urlaubserinnerung an Momente, in denen du dich ganz frei gefühlt hast und das Leben sorglos und mit deiner ganzen Aufmerksamkeit genossen hast. Es kann ein Stein oder eine Muschel sein, die du von einem Ort mitgebracht hast, der dich sehr berührt und etwas in dir ausgelöst hat. Es kann auch eine kleine Figur sein, ein Buddha oder etwas ganz anderes, das für dich eine tiefere Bedeutung hat. Platziere deinen Tempelwächter an einem Ort deiner Wahl. Er ist dein Begleiter, der dir beisteht und dich auf deinen Trampelpfad zurückbringt, wenn dich die Herausforderungen und Sorgen des Alltags davontragen.

Dein Tempelwächter erinnert dich daran, dass du den Schlüssel zu deinem inneren Tempel immer bei dir trägst.

Probier aus, welche Tempelwächter sich für dich als besonders hilfreich erweisen, und lade sie ein, von nun an jeden Tag an deiner Seite zu sein. Wenn du eine Zeit lang bewusst darauf achtest, deine Lieblingstempelwächter mitzunehmen, wirst du bald merken, dass sie von ganz allein bei dir sind.

WEITERE WEGBEGLEITER

ES GIBT SEHR VIELE KREATIVE MÖGLICHKEITEN, SICH IMMER WIEDER DEM INNEREN TEMPEL ANZUNÄHERN.

DEIN BAUCHGEFÜHL

Unser Körper braucht ausreichend Bewegung, gesunde Ernährung und tiefe Entspannung, um gesund zu bleiben. Wenn wir seinen Bedürfnissen nicht gerecht werden, sendet er uns Signale. Ein Ziehen im unteren Rücken, verspannte Schultern, Kopfschmerzen, Kurzatmigkeit oder ein mulmiges Gefühl im Bauch sind Hinweise, die wir in unserem fremdbestimmten Alltag leider viel zu oft nicht ernst nehmen und übergehen.

Wenn wir unser inneres Wissen ignorieren, weil wir uns nicht die Zeit nehmen, darauf zu achten, treten die inneren Signale in Form von körperlichen Schmerzen und Defiziten nach außen. Auf diesem Weg versucht sich unsere innere Stimme Gehör zu verschaffen, wird spürbar und sichtbar. Spätestens dann sollten wir uns die Zeit für uns selbst nehmen und das, was der Körper uns mitteilt, beachten und darauf reagieren.

PRAXIS
Achtsam dem Körper lauschen

Nimm dir in deinem Alltag immer wieder bewusst Zeit, darauf zu achten, was dein Körper gerade benötigt. Halte inne und spüre in dich hinein:

- Bin ich gerade hungrig oder durstig?
- Bin ich müde und brauche einige Minuten, um mich auszuruhen?
- Wie fühlt sich meine Haltung an? Bin ich aufrecht?
- Ist mein Brustkorb geöffnet, sodass die Atemluft meine Lungenflügel füllen kann?
- Brauche ich frische Luft, Sauerstoff, Prana?
- Brauche ich etwas Bewegung?
- Ist mir zu warm oder zu kalt?
- Brauchen meine Augen eine Pause vom Bildschirm? Sollte ich mir eine kleine Auszeit nehmen und in die Weite aus dem Fenster sehen?

Körperliche Bedürfnisse wahrzunehmen und achtsam damit umzugehen, bringt dich in einen guten Kontakt mit dir selbst und schult deine Achtsamkeit. Je weiter wir auf unserem Trampelpfad voranschreiten, umso mehr Zugang bekommen wir zu unserem inneren Wissen, zu der Stimme, die aus unserem inneren Tempel kommt und uns ganz klar sagt, was wir brauchen. Manchmal erledigen sich Themen wie Übergewicht,

Schlaflosigkeit und Bewegungsmangel von ganz allein, wenn wir lernen, auf unsere innere Stimme zu achten, und dann im Einklang mit uns selbst und unseren körperlichen und seelischen Bedürfnissen leben. Wir kommen in unsere Mitte und verlieren uns nicht mehr in Extremen.

GANZ OHR SEIN

Es ist sehr wertvoll für dich und deine Beziehungen, wenn du in deinem Alltag beginnst, mit einem neuen Bewusstsein zu kommunizieren. In vielen Gesprächen registrieren wir nur einen Bruchteil dessen, was unsere Gesprächspartner uns mitteilen wollen. Wir sind abgelenkt und mit unseren Gedanken woanders. Nur selten schenken wir unserem Gegenüber unsere volle Aufmerksamkeit. Allzu oft warten wir in Gesprächen nur darauf, dass der andere endlich aufhört zu reden, damit wir selbst zum Zuge kommen und unsere Meinung kundtun können. Ein gutes Gegenmittel besteht darin, sich bewusst auf die Sichtweise anderer einzulassen. Das bedeutet nicht, das wir unserem Gegenüber in allem zustimmen müssen. Es reicht aus, anzuerkennen, dass er vielleicht eine andere Sichtweise hat und diese angesichts seiner Informationen und Einstellungen auch nachvollziehbar ist.

Nur selten hinterlässt eine einfache Achtsamkeitsübung so einen starken Eindruck, wie das achtsame Zuhören. Wenn du demnächst also ein schwieriges oder emotional aufgeladenes Gespräch vor dir hast, erinnere dich daran, ihm mit

Achtsamkeit zu begegnen. Du kannst dir zu Beginn des Gesprächs einen Moment Zeit nehmen für die Übung Nichtstun I (Kapitel »Acht Tempelwächter«), um deinem Gegenüber mit offener und neutraler Präsenz zu begegnen. Achtsames Zuhören ist ein Zeichen von Respekt. Sowohl im privaten als auch im beruflichen Kontext kannst du durch aufmerksames Zuhören Missverständnisse vermeiden, echtes Verständnis und Mitgefühl für dein Gegenüber entwickeln und so deine Beziehungen vertiefen und festigen. Dein Gesprächspartner fühlt sich gehört und verstanden. Sich hinwenden und wirklich hinhören, sich einlassen und den anderen sein lassen ist der Schlüssel zu achtsamer Kommunikation und verleiht deinem Leben und deinen Beziehungen mehr Tiefe und Authentizität.

OASEN IM ARBEITSALLTAG

Dein innerer Tempel ist immer bei dir. Auch in deinem Arbeitsalltag kannst du jederzeit innere Ruhe und Kraft tanken. Wenn du an deinem Arbeitsplatz ankommst, nimm dir beispielsweise einen Moment Zeit, bevor du deinen Computer hochfährst. Erschaff dir kleine Rituale, die dir helfen, den Arbeitstag achtsam zu beginnen. Öffne das Fenster und bereite dir einen Tee zu. Setz dich an deinen Platz und halte inne (Nichtstun I). Danach widme dich mit voller Aufmerksamkeit der Tätigkeit, die jetzt ansteht. Wenn dein Arbeitstag zu Ende geht, nimm dir wieder einen Moment Zeit. Schalte alle Geräte aus und verweile noch einige Minuten, ohne etwas zu tun (Nichtstun II).

Höre auf die Signale deines Körpers. Brauchst du eine Pause? Hast du Hunger oder Durst? Nimm dir die Zeit, bewusst zu essen und zu trinken. Sind deine Augen müde? Such den Blick in die Weite und schau einige Minuten aus dem Fenster. Brauchst du Bewegung? Führe dein nächstes Telefonat im Gehen. Bist du aufrecht? Komm in deine Aufrichtung und mach dir bewusst, dass du so tiefer atmen kannst und mit mehr Energie und Präsenz durch deinen Arbeitstag gehst.

Wie ist deine Atmung? Atmest du vollständig aus? Ist dein Bauch dabei entspannt? Kannst du loslassen oder befindest du dich in einem Zustand permanenter Anspannung?

Vermeide unbedingt Multitasking. Es ist ein Irrglaube zu meinen, wir könnten mehrere Dinge gleichzeitig erledigen. Dabei entstehen Fehler und du fällst aus deiner Achtsamkeit. Bleib immer bei dem, was du jetzt tust und was jetzt gerade ansteht. Du wirst feststellen, dass du so am Ende deines Tages viel zufriedener und entspannter sein wirst.

Was wird gebraucht?

- **Entspannung?** Wann immer du merkst, dass du dringend etwas Entspannung brauchst, kannst du deine Augen schließen und dich für ein paar Atemzüge auf eine lange Ausatmung konzentrieren. Achte dabei darauf, dass dein Bauch entspannt ist, mach dich ganz leer und lass los. Verweile einen Moment in der Pause nach der Ausatmung.
- **Energie?** Wenn du spürst, dass du müde wirst, überprüfe deine Aufrichtung, schließ deine Augen und konzentriere dich ganz auf die Einatmung. Atme tief und vollständig ein, bis alle Atemräume gefüllt sind, und verweile einen Moment in der Fülle, bevor du die Atemluft wieder lang und fein ausströmen lässt.
- **Pause?** Wenn du dringend eine Pause brauchst, nimm dir fünf Minuten Zeit für einen Mini-Bodyscan. Schließ deine Augen, richte dich auf und lass deine Schultern entspannt nach hinten und unten sinken. Verbinde dich mit deiner Atmung. Lenk deine Aufmerksamkeit nacheinander in alle Teile deines Körpers und lass mit jeder langen Ausatmung bewusst los.

AM ENDE DES TAGES

Am Ende eines langen, ereignisreichen Tages fällt es oft schwer, abzuschalten und in einen erholsamen Schlaf zu finden. Smartphone und Fernseher eignen sich nicht für den Übergang in die Ruhephase, denn sie wirken noch lange nach und überfrachten uns zusätzlich mit Eindrücken. Dein Smartphone ist der Inbegriff für Zerstreuung, Ablenkung und permanente Erreichbarkeit – es ist die Verbindung zu dem, was jetzt nicht hier ist.

Ein Abendritual hilft dir dabei, deinen Tag achtsam zu beenden. Wenn du von der Arbeit nach Hause kommst oder die Kinder versorgt sind und schlafen, nimm dir wieder einen Moment Zeit für Nichtstun I, um ganz bewusst den Übergang in die Ruhephase zu finden. Lass die Aufgaben und Ereignisse des Tages los und nimm ein paar lange tiefe und bewusste Atemzüge, um wieder ganz zu dir zu kommen. Finde heraus, welches Abendritual dir guttut: ein gutes Buch lesen, einen Spaziergang machen, beruhigende Musik hören, ein Bad nehmen oder einen entspannenden Tee trinken? Vielleicht hast du auch das Bedürfnis, noch mal ganz in deinen inneren Tempel einzutauchen. Nimm dir Zeit, um zu meditieren, Yoga oder den Bodyscan zu üben. Bevor du zu Bett gehst, solltest du schon einige Zeit in abendlicher Ruhe angekommen sein.

Oft sorgen die Gedanken in unserem Geist noch einmal gründlich für Unruhe, wenn wir uns körperlich zur Ruhe begeben. Du kennst inzwischen die Methoden und Möglichkeiten, die du hast, um deinen überdrehten Affengeist zu bändigen. Abends im Bett eignet sich dafür besonders gut der Bodyscan. Du wirst merken, dass durch die bewusste und systematische Entspannung deines Körpers auch dein Geist folgt und sich zur Ruhe begibt. Wenn du möchtest, schließ eine Dankbarkeitsmeditation an. Wenn wir Dankbarkeit empfinden, ist da dieses warme Gefühl, das den ganzen Körper durchströmt und uns das Herz aufgehen lässt. Diese wichtige Emotion geht mit einem allgemeinen Wohlgefühl und einer tiefen Entspannung einher, die wir uns selbst schenken können, indem wir uns bewusst machen, wie uns dieser Tag beschenkt hat.

Lass ihn noch einmal Revue passieren und ruf dir in Erinnerung, was alles gut war. Lass dabei auch die »Kleinigkeiten« gelten. Das nette Lächeln einer Frau im Bus, ein leckeres Mittagessen oder das Gespräch mit der Kollegin. Besinne dich auf die Dinge, die dir am heutigen Tag gut gelungen sind, auf die Momente, in denen du achtsam warst.

PRAXIS

Den Tag abschließen

Nimm dir am Ende des Tages noch einmal bewusst Zeit für die Übung Nichtstun II, komm zurück in deinen inneren Tempel, verlängere deine Ausatmung und lass dich in die Pause nach der Ausatmung sinken, lass ganz los und lass dich tragen.

DEINE ACHTSAMKEITSINSEL

Wir können uns auch im Alltag kleine Achtsamkeitsinseln schaffen: der Spaziergang mit dem Hund oder die Tasse Tee, die wir ganz in Ruhe ohne Ablenkung zu uns nehmen. Doch diese Alltagsinseln sind fragil und können leicht gestört werden. Es sind nicht nur unsere Gedanken und Gewohnheiten, unsere Trägheit, Unruhe und die ständige Suche nach Ablenkung, die uns davon abhalten, im Alltag achtsam zu sein. Zusätzlich zu den Störungen, die aus unserem Inneren in den Vordergrund drängen, gibt es zahllose Einflüsse, die von außen auf uns einprasseln und uns immer wieder aus der Achtsamkeit reißen.

Das Etablieren einer regelmäßigen täglichen formellen Achtsamkeitspraxis ist wie eine Insel, auf der du jeden Tag für eine Zeit ganz zu dir kommen darfst, unabhängig davon, was um dich herum geschieht. Deine Yoga-Matte oder dein Meditationskissen können eine solche, ganz persönliche Achtsamkeitsinsel inmitten eines Alltags sein, der mal mehr und mal weniger turbulent ist. Der Ort, an dem du bei dir einkehren und in deinem inneren Tempel Ruhe, Klarheit und Frieden finden kannst. Es ist wichtig, sich immer wieder aus allen alltäglichen Bezügen herauszuziehen und allein zu sein, um sich in sich selbst auszuruhen.

WAS IMMER DEINER ACHTSAMKEIT HILFT – NUTZE ES!

Nutze die Steine am Wegrand, such dir deine Wegbegleiter und Tempelwächter und erschaffe dir Freiräume in deinem Alltag, die dir ganz allein gehören. Erlaube dir jeden Tag, innezuhalten und dich in deinen inneren Tempel zurückzuziehen, damit du dich selbst wieder einholen und in dir Ruhe und Kraft schöpfen kannst. Dabei geht es nicht darum, dich in dein Schneckenhaus zurückzuziehen, um dich vor den Herausforderungen und Konflikten, die in deinem Leben auf dich warten, zu verstecken. Mit Rückzug lösen wir unsere Probleme nicht, wir laufen eher davon. Aber wir können uns kurzfristig zurückziehen und uns sammeln, um die Dinge wieder klar sehen zu können, so wie sie sind, und nicht so, wie wir fürchten, dass sie sein könnten. Wenn wir in unserer Mitte ruhen, sind wir fähig, aus vollem Herzen und mit ganzer Kraft in eine offene und ehrliche Auseinandersetzung mit uns selbst und unseren Mitmenschen zu gehen und Lösungen für Konflikte zu finden. Du wirst merken, dass dir das Etablieren von kleinen Rückzugsinseln und Ritualen eine ganz neue Offenheit für dein Leben schenkt und du dann mit weitem Herzen und freiem Geist all den vielen kleinen und großen Wundern begegnen kannst.

DAS GOLD IN DIR

DEINE INNERE STIMME
ZU HÖREN, IST EINE FRAGE
DEINER ACHTSAMKEIT, IHR ZU FOLGEN,
EINE FRAGE DEINES MUTES.
IN DIESEM ABSCHLIESSENDEN KAPITEL
LADE ICH DICH EIN,
WAHREN WISSENSSCHÄTZEN IN DIR
AUF DIE SPUR ZU KOMMEN.
DEM GOLD DEINES INNEREN TEMPELS.

BEFREIE DEINE INNERE STIMME

WENN DU IN DEINEM INNEREN TEMPEL ANGEKOMMEN BIST, ÖFFNET SICH EINE SCHATZTRUHE UND DAS GOLD IN DIR, DEINE INNERE STIMME WIRD BEFREIT.

DIE STIMME, DIE DICH WIRKLICH KENNT

Durch das Üben von Achtsamkeit entsteht dein persönlicher Trampelpfad und bahnt sich seinen Weg durch das Dickicht und Gestrüpp deiner Gedanken. So führt er dich immer weiter nach innen – bis zu deinem inneren Tempel, in dem auch deine innere Stimme wohnt. Sie spricht aus deiner Seele zu dir und bringt dich in Verbindung mit deinen innersten Wünschen und Sehnsüchten. Sie allein kann dir den Weg in ein glückliches und erfüllendes Leben weisen.

In unserem lauten und stressigen Alltag hören wir unsere innere Stimme oft nicht mehr. Sie geht immer wieder unter in all dem Lärm, der Betriebsamkeit und dem Streben danach, allen Anforderungen von außen gerecht zu werden. Eine einfache und jedem zugängliche Möglichkeit, der inneren

Stimme Gehör zu verschaffen, bietet uns das intuitive Schreiben. Mit dem Stift in der Hand bekommen wir Zugang zu unserem inneren Raum, unserer Kreativität, unseren Bedürfnissen, Ängsten und Sorgen.

Wenn wir den Stift in die Hand nehmen und einfach losschreiben, schalten wir unseren Verstand aus und lernen, uns unserer Intuition anzuvertrauen und uns von ihr nach innen führen zu lassen. Intuitives Schreiben ist eine besondere Form der Achtsamkeitspraxis, durch die wir Zugang zu unserem inneren Wissen bekommen, das jenseits von dem, was unser Verstand begreifen kann, da ist. Dieses innere Wissen umfasst Vergangenes, Gegenwärtiges und Zukünftiges. Wenn wir momentweise darauf zugreifen können, bekommen wir ein Gefühl dafür, wie alles zusammenhängt. Wir werden bewusster und können unser Leben, die verschiedenen Phasen und wie sie einander bedingen und ineinander übergehen, besser verstehen. Wenn wir Zugang finden zu unserem inneren Tempel, bekommen wir wieder eine Verbindung zu diesem inneren allumfassenden Wissen. Beim intuitiven Schreiben fließt dieses innere Wissen, das Gold in dir, in Form von Worten auf das Papier und wird so für dich sichtbar und greifbar.

SEELENFREUND TAGEBUCH

Das Tagebuchschreiben hat mich in den Jahren, in denen ich viel gereist bin, stets begleitet. Die Stunden, die ich allein mit meinem Tagebuch in meiner Hängematte verbracht habe, sind mir in intensiver Erinnerung. Es waren Stunden, in denen meine innere Stimme Raum bekam. Mit Stift und Papier ohne Ablenkung ganz bei sich zu bleiben ist Achtsamkeitspraxis. Es gab immer wieder Situationen oder Phasen in meinem Leben, die geprägt waren von Gefühlen wie Überforderung, Unsicherheit, Entfremdung, Sorgen oder Ängsten. Wenn man seine Komfortzone verlässt und sich zu fremden Ufern aufmacht, erlebt man sich selbst immer wieder neu. Man erweitert seinen Horizont, kommt an seine Grenzen und darüber hinaus. Das ist oft beglückend, wunderschön, erhellend und erfüllend, aber manchmal eben auch beängstigend und erschreckend. Mich mit meinem Tagebuch zurückzuziehen, hat mir immer ein gutes Gefühl gegeben, es ist ein toller Weg, sich um sich selbst zu kümmern, sich mit allen Gefühlen Raum zu geben. Wer regelmäßig Tagebuch schreibt, weiß, dass man sich danach befreit und aufgeräumt fühlt und wieder klar sehen kann.

DEINE HANDSCHRIFT IST AUSDRUCK DEINER SEELE

Ist es nicht faszinierend, dass wir alle im Laufe unseres Lebens eine ganz eigene individuelle Handschrift entwickeln? Anhand unseres Schriftbildes können wir identifiziert werden, keine Handschrift gleicht der anderen. Sie ist Ausdruck unserer Persönlichkeit. Wenn wir intuitiv schreiben, kommt das, was über den Stift auf das Papier fließt, direkt aus unserem Inneren und nimmt in Worten Form an.

Manchmal fehlen uns die Worte, nicht alles, was wir tief in uns empfinden, ist klar und eindeutig in Sprache zu überführen. Aber wir können das, was uns bewegt und nach außen will, umschreiben, ausdrücken und auf unsere Weise zu Papier bringen, in Worten oder vielleicht auch in Zeichnungen, kleinen Skizzen oder Bildern.

> Es befreit und erleichtert, sich alles »von der Seele zu schreiben«.

Im Prozess des Schreibens lassen wir Gefühle, Empfindungen und Gedanken an die Oberfläche kommen, wir befreien sie und machen sie sichtbar. Wenn sie dann vor uns auf einem Blatt Papier stehen, bekommen wir Zugang zu diesen inneren Vorgängen, die uns aktuell beschäftigen. Das gibt uns die Möglichkeit, uns selbst wieder einzuholen, zu sortieren und neu auszurichten. Die aufgewühlte Oberfläche des Sees kommt zur Ruhe und wir können wieder klar sehen, bis auf den Grund.

Du hast nun schon wichtige formelle und informelle Achtsamkeitstechniken, Wegbegleiter und Rituale kennengelernt und bist auf deinem Trampelpfad ein gutes Stück vorangekommen auf dem Weg zu dir. An dieser Stelle lade ich dich ein, dir noch mal ganz bewusst Zeit für dich und für den Schatz in dir, deine innere Stimme, zu nehmen. Sie führt dich und hilft dir dabei, dich zu sortieren, das Dickicht deiner Gedanken zu durchdringen, um dann ganz klar vor Augen zu haben, wohin dein Weg dich führt und was du wirklich willst.

Vielleicht hast du noch nie in deinem Leben Tagebuch geschrieben oder es ist schon sehr lange her und gehört für dich in eine ganz andere Lebensphase. Gib dem intuitiven Schreiben eine Chance, dich abzuholen und mitzunehmen.

Der Stift in deiner Hand führt dich zu dir

- Wenn du schreibst, nimmst du dir ganz bewusst Zeit nur für dich. Alles andere kann warten.
- Du gibst der inneren Stimme den Raum, den sie verdient.
- Du bekommst Zugang zu deinem inneren Tempel und deiner inneren Wahrheit.
- Du kommst in Verbindung mit einem tieferen Wissen, das jenseits deines Verstandes tief in dir immer da ist und dich dein Dasein in einem sehr viel größeren Zusammenhang verstehen lässt.
- Du findest Worte für Wahrheiten, die dir vorher nicht bewusst waren.
- Du kannst Unterdrücktes zu Papier bringen und es dadurch für dich sichtbar und greifbar machen.
- Du entwickelst mehr Mitgefühl und ein tiefes Verständnis für dich selbst und für andere.
- Du findest Antworten und Lösungen in dir und kannst Entscheidungen klarer treffen in dem tiefen Wissen, dass sie wirklich authentisch sind.
- Du kannst Emotionen hochholen und verarbeiten.
- Du kannst belastende Erlebnisse besser verarbeiten.
- Du kannst negative Gedankenschleifen auflösen und dadurch Stress reduzieren.

Es geht darum, freizulegen, was wir schon immer in uns tragen: Klarheit, Gelassenheit und Lebensfreude. Wir brauchen den Zugang zu unserem inneren Tempel, um uns weiterzuentwickeln und innerlich zu verstehen und zu wachsen. Wir brauchen den Zugang zu unserer inneren Weisheit, sie zeigt uns den Weg in ein bewusstes Sein, verbunden mit einem tiefen Verständnis vom Leben und einem Gefühl von Einheit.

> Wenn du nicht
> auf deine innere Stimme hörst,
> wer soll es sonst tun?

Beim intuitiven Schreiben lassen wir die Worte, Ideen und Sätze – alles, was hochkommt – einfach unzensiert und ungefiltert auf das Papier laufen. Es ist wissenschaftlich belegt, dass durch das Schreiben mit der Hand eine Verbindung zwischen Hand und Hirn entsteht. Wir aktivieren die rechte Gehirnhälfte, die die Gedanken nicht linear steuert, wie wir das oft im Alltag tun, sondern für das große Ganze zuständig ist. Wir bekommen Zugang zum Gesamtbild und einen Überblick, der das Bild klärt und uns hilft, uns zu sortieren.

Mit der Handschrift aktivieren wir unsere Intuition und unser Unterbewusstsein. Die Ideen, Bilder und Erinnerungen, die dort gespeichert sind, treten hervor und wir können sie nutzen, um Lösungen zu finden und Klarheit zu gewinnen über unsere Bedürfnisse und unseren Lebensweg – den bereits gegangenen und den zukünftigen.

PRAXIS
Einfach schreiben

- Such dir einen Stift, der angenehm in deiner Hand liegt und mit dem du gut und fließend schreiben kannst. Nimm dir ein Heft oder ein hübsches Tagebuch, das du ganz bewusst deiner inneren Stimme, dem Gold in dir, widmest.
- Such dir einen Raum, in dem du dir Zeit und Ruhe nur für dich nehmen kannst, und mach es dir dort bequem.
- Wenn du möchtest, kannst du deine Umgebung so gestalten, dass sich dein Schreib-Flow besser entfalten kann. Achte auf gutes Licht, vielleicht gibt es einen Duft oder eine meditative Hintergrundmusik, die dir hilft, in eine intuitive Haltung zu kommen. Oder du suchst dir einen schönen Platz in der Natur, an dem du ganz ungestört bei dir bleiben kannst.
- Schreib dann frei, was dich bewegt – oder folge den Schreibimpulsen, die ich dir im Folgenden vorstellen möchte.

NEUN SCHREIBIMPULSE

DIESE ANREGUNGEN KÖNNEN DICH SCHRITT FÜR SCHRITT ZU DIR FÜHREN UND DEINEN WEG FÜR DICH SICHTBAR UND GREIFBAR MACHEN.

SCHREIBEN AUS DER SEELE HERAUS

Zur Einstimmung biete ich dir jeweils eine kleine Achtsamkeitsübung an. Sie hilft dir dabei, deine Gedanken loszulassen und zu deiner Atmung und zu dir zu kommen. Lass dir dafür etwas Zeit … und dann schreib einfach drauflos. Wichtig ist, dass du während des Schreibprozesses so wenig wie möglich über das Geschriebene nachdenkst. Nimm dir zehn bis fünfzehn Minuten Zeit und lass deinen Gedanken und Empfindungen freien Lauf. Setz den Stift an und lass es einfach fließen. Schreibe alles so auf, wie es kommt, ohne zu bewerten, durchzustreichen oder zu korrigieren. Grammatik, Rechtschreibung oder Ausdruck spielen keine Rolle. Gib den Bildern und Gedanken in deinem Kopf einfach Raum. Der Schreibfluss ist das Wesentliche, er aktiviert deine Intuition und schafft eine Verbindung zu deinem inneren Tempel und deinem Unterbewusstsein.

PRAXIS

Du: Wunschreise

Komm in deine Aufrichtung, schließ die Augen und nimm deinen Atem wahr. Atme lang und fein ein und lass die Atemluft über deine Schultern, die Arme und die Hände ausströmen. Lass die Schultern dabei bewusst sinken und nimm die Entspannung hier wahr. Nach einigen Atemzügen öffne deine Augen und beginne zu schreiben …
Stell dir vor, du darfst jetzt in diesem Moment auf deine ganz persönliche Traumreise gehen. Wohin würdest du reisen und was würdest du dort tun?

PRAXIS

Du: Inspiration

Komm in deine Aufrichtung und schließ die Augen. Lenk deine Wahrnehmung zu den Nasenflügeln, nimm wahr, wie der Atem hier kühl in den Körper einströmt und ihn mit der Ausatmung warm wieder verlässt. Nach fünf langen Atemzügen öffne deine Augen und beginne zu schreiben … Erinnere dich an einen Menschen oder eine Begebenheit in deinem Leben, die dich inspiriert hat. Was hat die Faszination in dir ausgelöst?

> Such dir Menschen und Dinge, die dich inspirieren. Sie weisen dir den Weg zu deinen innersten Wünschen und Zielen.

PRAXIS

Du: Selbstverwirklichung

Komm in deine Aufrichtung und schließ die Augen. Nimm den Atemstrom wahr und stell dir vor, deine Einatmung fließt durch dein rechtes Nasenloch und deine Ausatmung strömt durch dein linkes Nasenloch. Lass die Atemzüge immer länger und feiner werden. In der zweiten Runde atmest du – einfach vom Empfinden her – links ein und rechts wieder aus. Und wieder andersherum: Die Einatmung fließt über das rechte Nasenloch, die Ausatmung über das linke. Nach fünf langen Atemzügen öffne deine Augen und beginne zu schreiben…

Denk an eine Tätigkeit, die dich begeistert und mit Sinn erfüllt. Was machst du einfach total gern? Wie bist du, wenn du so richtig für eine Sache brennst? Was bedeutet Selbstverwirklichung für dich? Wie zeigt sie sich bei dir am schönsten?

»Das eigene Wesen völlig zur Entfaltung zu bringen, das ist unsere Bestimmung.« Oscar Wilde

PRAXIS

Dein Weg: Umgekehrte Eimerliste

Schließ deine Augen und lenk deine Aufmerksamkeit einatmend auf die Aufrichtung deiner Wirbelsäule. Mit jeder Ausatmung lass deine Schultern los. Nach fünf langen Atemzügen öffne deine Augen und beginne zu schreiben …
In deinem Leben sind schon viele schöne und besondere Dinge geschehen. Erlebnisse, die dich geprägt haben, wie zum Beispiel eine wichtige Reise, ein sportlicher Erfolg oder eine inspirierende Begegnung. Etwas, bei dem du über dich hinausgewachsen bist, deine Komfortzone verlassen hast und deiner inneren Stimme gefolgt bist. Schreib heute die Ereignisse in deinem Leben auf, an die du dich gern erinnerst und die rückblickend den weiteren Verlauf deines Lebens positiv beeinflusst und zu deiner persönlichen Weiterentwicklung beigetragen haben.

»Die großen Augenblicke sind die, in denen wir getan haben, was wir uns nie zugetraut hätten.« Marie von Ebner-Eschenbach

PRAXIS
Dein Weg: Fremdbestimmt

Komm in die Aufrichtung, schließ deine Augen und spür deine Atmung. Nimm wahr, wie sich mit jeder tiefen Einatmung deine Atemräume vollständig füllen und mit der langen Ausatmung wieder ganz leeren. Nach fünf langen Atemzügen öffne deine Augen und beginne zu schreiben … Welcher Anteil deiner Definition von Erfolg, Glück und Erfüllung ist von anderen Menschen bestimmt worden?

PRAXIS

Dein Weg: Selbstbestimmt

Komm in deine Aufrichtung, schließ die Augen und lenk deine volle Aufmerksamkeit auf die Atmung. Nimm fünf tiefe und lange Atemzüge und sag dabei innerlich bei jeder Einatmung »Ich« und bei jeder Ausatmung »bin«. Dann öffne deine Augen und beginne zu schreiben... Welcher Teil deines Weges, den du bis hierher gegangen bin, ist aus dir selbst heraus entstanden?

> »Es gibt etwas für dich zu tun,
> das niemand sonst tun kann.«
> Platon

PRAXIS

Deine Ausrichtung: Eimerliste

Komm in deine Aufrichtung, schließ die Augen und nimm den Atem wahr. Entspanne mit jeder langen Ausatmung deinen Kiefer, deine Lippen, deine Zunge und schließlich den ganzen Mundraum. Nach fünf langen Atemzügen öffne deine Augen und beginne zu schreiben…

Schreib heute auf, was du dir für dich und dein Leben wünschst. Schreib Dinge auf, die du erleben möchtest, Orte, an die du reisen möchtest, Herausforderungen, denen du dich stellen willst… alles, was dir einfällt, ist erlaubt und willkommen.

Das Leben ist keine To-do-Liste, die abgehakt werden will. Die berühmte Bucketlist soll dich vielmehr daran erinnern, immer wieder aus deiner Komfortzone herauszutreten, um zu entdecken, was deine Wünsche und Bedürfnisse sind, was dich antreibt und glücklich macht. Lass deine Träume in deinem Leben Wirklichkeit werden.

PRAXIS

Deine Ausrichtung: Etwas bewirken

Komm in deine Aufrichtung und schließ die Augen. Lenk deine Wahrnehmung zu den Nasenflügeln und nimm wahr, wie der Atem hier kühl in den Körper einströmt und ihn mit der langen Ausatmung warm wieder verlässt. Nach fünf Atemzügen öffne deine Augen und beginne zu schreiben… Was möchtest du mit deinem Leben in dieser Welt bewirken? In deiner kleinen Welt und in der großen Welt?

PRAXIS
Deine Ausrichtung: Ende der Lebensreise

Schließ deine Augen und spüre deine Atmung. Lass die Atemluft lang und fein einströmen und lang und fein wieder ausströmen. Verweile in der Leere nach der Ausatmung und lass ganz los, bevor du wieder einatmest. Nach fünf langen Atemzügen öffne deine Augen und beginne zu schreiben … Wie möchtest du dich am Ende deines Lebens fühlen? Worauf möchtest du zurückblicken? Schreib heute auf, was du dir am meisten für den weiteren Verlauf deines Lebens wünschst.

>»Ich lebe mein Leben
>in wachsenden Ringen,
>die sich über die Dinge ziehn.
>Ich werde den letzten
>vielleicht nicht vollbringen,
>aber versuchen will ich ihn.«
>Rainer Maria Rilke

DU HAST ALLES IN DIR, WAS DU BRAUCHST

DEINE PRAXIS TRÄGT DICH – AUCH WENN ES NICHT IMMER LEICHT SEIN WIRD, DEN ZUGANG ZU DEINEM INNEREN TEMPEL ZU BEWAHREN. DOCH ALLES IST DA.

MANCHMAL SCHEINT DER WEG VERSCHWUNDEN

»Durch alle Wesen reicht der eine Raum: Weltinnenraum. Die Vögel fliegen still durch uns hindurch. O, der ich wachsen will, ich seh hinaus, und in mir wächst der Baum«, schrieb Rainer Maria Rilke so poetisch. Beim Schreiben dieses Buches ist mir immer wieder schmerzhaft bewusst geworden, wie weit ich oft entfernt bin von meinem inneren Tempel, von der Ruhe und Stille und dem Im-Einklang-Sein mit mir und meiner Umgebung. In meinem Alltag schaffe ich es oft nicht, den Reiz-Reaktions-Mechanismus zu durchbrechen, fühle mich meinen Automatismen ausgeliefert und finde einfach nicht die Tür, die mich in meinen inneren Tempel führt. Geht es dir in deinem Alltag auch so?

Es ist nicht leicht, in unserer von Medien und Konsum geprägten Gesellschaft und in unserem oft hektischen und fremdbestimmten Alltag den Raum der Stille in uns zu finden. Und auch wenn wir ihn schon entdeckt haben und uns bereits viel mit Yoga und Meditation oder anderen Achtsamkeitstechniken beschäftigt haben, bedeutet das nicht, dass er uns immer zugängig ist.

UNKRAUT WÄCHST WIEDER NACH

Wir können uns den Zugang zu unserem inneren Tempel wie einen verschlungenen Pfad vorstellen, der uns durch Dickicht und Gestrüpp zu einer Tür führt, durch die wir eintreten können in den Raum, in dem wir eine Wahl haben. Wenn wir Achtsamkeit üben, bahnen wir uns diesen bald klar erkennbaren Weg, der uns bis an den Eingang unseres inneren Tempels führt. Wie in der Natur auch wächst das Unkraut wieder nach, wenn wir den Weg nicht regelmäßig gehen, ihn hegen und pflegen. Das kann sogar dazu führen, dass er wieder ganz zuwächst und wir uns vielleicht nur noch vage an die Existenz des Weges und der Tür, zu der er führt, erinnern können. Vielleicht ist der Pfad wieder komplett überwuchert und die Tür, umrankt von wilden Pflanzen und Gestrüpp, kaum noch zu erkennen.

Die formellen Achtsamkeitstechniken helfen dir dabei, den Weg kontinuierlich zu gehen und ihn damit freizuhalten von zu viel Unkraut und Gestrüpp, die dir den Blick auf das

Wesentliche und den Zutritt zu deinem inneren Tempel versperren. Doch selbst wenn du das Gefühl hast, den Zugang nicht mehr zu finden, weil du dich vielleicht in einer schwierigen Phase deines Lebens befindest, die geprägt ist von Überforderung und Unachtsamkeit, so ist er doch immer da. Du weißt um die Existenz deines inneren Tempels und du trägst die Techniken, die dich auf den Weg dorthin bringen, wie einen Schatz in dir.

*Du kannst die Achtsamkeitstechniken
immer wieder hervorholen,
wie glitzernde Steine aus einer Schatzkiste.*

Du kannst dir die Zeit nehmen, sie zu polieren und wieder zum Strahlen zu bringen, damit sie hell genug sind, um dir den Weg zu weisen. Je mehr Zugang du zu deinem inneren Wissen findest und auf deine innere Stimme hörst, umso klarer wirst du auch deinen Weg in deinem Leben erkennen. Du findest deinen Platz und die Aufgabe, die dir entspricht und dich mit Sinn und Zufriedenheit erfüllt. Ein Gefühl dafür, dass alles eins ist und du aufgehoben und geborgen bist in etwas Größerem, wird dich begleiten. Genau das wünsche ich dir von Herzen.

Sei dir deines inneren Tempels bewusst, er ist immer bei dir. Der Raum, in dem du dich aufgehoben und geborgen fühlst, in Verbindung mit dir und der Welt, in dem du frei bist und immer eine Wahl hast, wie du dich zu den gegebenen Umständen einstellen willst und welche Ausrichtung du

deinem Leben geben willst. Mit diesem Bewusstsein kannst du deinen Weg mutig und zuversichtlich gehen und dieses Buch immer wieder zur Hand nehmen, wenn du dir einen Wegweiser und Begleiter wünschst.

Die abschließende Sankalpa-Meditation hilft dir dabei, entschlossen und mutig die ersten Schritte auf dem Weg deines Herzens zu gehen. Hab Vertrauen, du wirst ihn finden. Deine innere Stimme ist da und singt dir das Lied deiner Seele vor. Falls du es vergessen hast, du musst nur lauschen.

Ich wünsche dir von Herzen alles Gute auf dem Weg in dein achtsames und erfüllendes Leben!

PRAXIS

Sankalpa-Meditation: Dein Weg

Nimm eine entspannte Rückenlage ein. Schließ die Augen und nimm deinen Körper wahr, wie er entspannt am Boden liegt. Spür den Kontakt mit dem Boden und die Berührungspunkte. Lass deinen Atem kommen und gehen und gib mit jeder langen Ausatmung dein Gewicht und alles Schwere ab. Mach dich ganz leer, lass los und lass dich vom Boden tragen. Lass dir einige Atemzüge Zeit, in deiner Mitte, deinem inneren Raum anzukommen.
Stell dir nun vor deinem inneren Auge einen Ort deiner inneren Welt vor. Einen Ort, zu dem du dich hingezogen fühlst und an dem du dich wohlfühlst. Nimm wahr, wie du mit jeder Einatmung tiefer in deine innere Welt eintauchen kannst und mit jeder Ausatmung mehr entspannen kannst. Stell dir jetzt einen Weg in deiner inneren Welt vor, den du entlanggehst. Lass deinen Atem kommen und gehen und nimm die Bilder und Empfindungen, die hochkommen, wahr, ohne sie zu bewerten. Geh den Weg in deiner inneren Welt weiter, bis du an eine Tür kommst. Hinter dieser Tür befindet sich ein Bild deiner Zukunft. Verweile hier einen Moment. Öffne dich für ein inneres Bild von dir, das dich in der Zukunft zeigt, wenn sich dein Herzenswunsch oder ein für dich wichtiges Ziel schon erfüllt hat.
Wenn du so weit bist, öffne die Tür. Verweile und nimm das Bild, das sich dir darstellt, und die Gefühle, die damit

einhergehen, in dir auf. Nimm wahr, wie es sich für dich anfühlt, dein Ziel erreicht zu haben. Spür die Freude, die Kraft und Lebendigkeit, die von dem Bild ausgehen. Mit jeder tiefen Einatmung nimm sie in dich auf und mit jeder langen Ausatmung stell dir vor, tiefe Zufriedenheit und Erfüllung durchströmen deinen ganzen Körper und Geist. Dann frage dich bewusst: Wie will ich leben? Was ist wichtig? Was ist es, was mein Leben mit Sinn erfüllt?
Du kannst dich hier und jetzt für deinen Weg entscheiden. Stell dir nun vor, was der erste Schritt auf deinem Weg zu deinem Ziel sein wird. Verweile dabei noch einige tiefe und ruhige Atemzüge.
Dann lenk deine Aufmerksamkeit zurück in deinen Körper. Beweg zuerst deine Hände und deine Füße. Spür in deine Hände und deine Füße und in deinen ganzen Körper hinein und dann öffne wieder deine Augen.

DU BIST NICHT ALLEIN

Wenn du möchtest, begleite ich dich gern weiter auf deinem Trampelpfad. In meinem Onlinekurs »Bewusst.Sein: mit Yoga und Achtsamkeit zu innerer Ruhe und Kraft« führe ich dich in die formellen Achtsamkeitstechniken ein. Du lernst die Atemwahrnehmung, den Bodyscan und wir üben gemeinsam Hatha-Yoga. Mit wöchentlichen Achtsamkeitsaufgaben lernst du, deinen Alltag bewusster zu gestalten. (Der Kurs wird von deiner Krankenkasse nach §20 SGB V als Präventionsmaßnahme bezuschusst).

Alle Informationen findest du auf meiner Homepage:
www.pureyoga-info.de

Die folgenden Literaturtipps schenken dir weitere Impulse und Inspiration:

Trökes, Anna: Das große Buch vom Yoga. Gräfe und Unzer
Sriram, R.: Patanjali. Das Yogasutra. Von der Erkenntnis zur Befreiung. Theseus Verlag
Kabat-Zinn, Jon: Gesund durch Meditation. Knaur MensSana
Frankl, Viktor E.: Über den Sinn des Lebens. Beltz Verlag

DIE AUTORIN

Schon in jungen Jahren ist **Antonia Ananda Kemkes** viel gereist und wollte den großen Fragen des Lebens auf den Grund gehen. Sie verbrachte viel Zeit in Thailand und hat dort in buddhistischen Tempeln mit den Mönchen gelebt und die Achtsamkeitspraxis in ihrer ganz ursprünglichen Bedeutung kennengelernt. Es ist ihr ein Anliegen, das besondere Geschenk, das sie dort bekommen hat, an andere weiterzugeben. Nach ihrer Yogalehrer-Ausbildung auf den Bahamas kehrte sie zurück nach Deutschland. Inzwischen leitet die Diplompädagogin und zertifizierte Yoga- und Achtsamkeitspraxis-Lehrerin seit zwanzig Jahren Business-Yoga-Kurse sowie Seminare und Workshops zu den Themen Entspannung, Burn-out-Prävention und Stressbewältigung. Es ist ihr Wunsch, Menschen dabei zu unterstützen, zur Ruhe und zu sich selbst zu kommen, Zugang zum inneren Tempel zu finden und die Stimme zu hören, die den Weg in ein erfüllendes Leben weist. Antonia ist in Berlin aufgewachsen und lebt heute mit Mann und Kind in München.

LIEBE LESERINNEN UND LESER,

wir wollen Ihnen mit diesem Buch Informationen und Anregungen geben, um Ihnen das Leben zu erleichtern oder Sie zu inspirieren, Neues auszuprobieren. Wir achten bei der Erstellung unserer Bücher auf Aktualität und stellen höchste Ansprüche an Inhalt und Gestaltung. Alle Anleitungen und Rezepte werden von unseren Autoren, jeweils Experten auf ihren Gebieten, gewissenhaft erstellt und von unseren Redakteur*innen mit größter Sorgfalt ausgewählt und geprüft.

Haben wir Ihre Erwartungen erfüllt? Sind Sie mit diesem Buch und seinen Inhalten zufrieden? Wir freuen uns auf Ihre Rückmeldung. Und wir freuen uns, wenn Sie diesen Titel weiterempfehlen, in Ihrem Freundeskreis oder bei Ihrem Online-Kauf.

Sollten wir Ihre Erwartungen so gar nicht erfüllt haben, tauschen wir Ihnen Ihr Buch jederzeit gegen ein gleichwertiges zum gleichen oder ähnlichen Thema um.

KONTAKT ZUM LESERSERVICE
GRÄFE UND UNZER VERLAG
Grillparzerstraße 12
81675 München
www.gu.de

IMPRESSUM

© 2022 GRÄFE UND UNZER VERLAG GmbH,
Postfach 860366,
81630 München

GU ist eine eingetragene Marke der GRÄFE UND UNZER VERLAG GmbH, www.gu.de

ISBN 978-3-8338-8598-3
1. Auflage 2022

Alle Rechte vorbehalten. Nachdruck, auch auszugsweise, sowie Verbreitung durch Bild, Funk, Fernsehen und Internet, ‚durch fotomechanische Wiedergabe, Tonträger und Datenverarbeitungssysteme jeder Art nur mit schriftlicher Genehmigung des Verlages.

Projektleitung:
Stella Schossow
Lektorat: Diane Zilliges
Bildredaktion:
Nele Schneidewind
Umschlaggestaltung und Layout: ki36 Editorial Design, München, Daniela Hofner
Herstellung:
Susanne Fuhrmann
Satz: Uhl + Massopust, Aalen
Reproduktion: Longo AG, Bozen
Druck und Bindung:
DZS Grafik, Slowenien

Bildnachweis

Cover: Istockphoto und Shutterstock;
Alle Illustrationen Claudia Klein (http://www.claudiaklein.net/): S. 109, 115, 118, 121, 122, 131, 150, 151;
Innenteil: Alice Vogel: S. 191; Adobestock: S.90; Istock: S. 3, 7, 8, 16, 25, 34, 36, 44, 47, 50, 55, 58, 62, 66, 83, 93, 101, 106, 140, 168, 170, 174, 179; Stocksy: S. 29, 71, 80, 164, 182, 187; Unsplash: S. 13 (Birger Strahl), S. 75 (Aron Visuals), S. 125 (Wesley Tingey), S. 136 (Alexander), S. 145 (Jamie Street), S. 149 (Jeremy Perkins), S. 158 (Lauren Mancke), 162 (Shashi Chaturvedular)

Syndication:
www.seasons.agency

Wichtiger Hinweis

Die Inhalte dieses Buches wurden sorgfältig recherchiert und haben sich in der Praxis bewährt. Alle Leserinnen und Leser sind jedoch aufgefordert, selbst zu entscheiden, ob und inwieweit sie die Übungsanleitungen und Anregungen umsetzen wollen und können. Die Autorin und der Verlag übernehmen keine Haftung für die Resultate.